KB187433

회화와 문형을 한번에!

초급 일본어 회화 2

하치노 토모카 지음

제이앤씨
Publishing Company

머리말

안녕하세요, 일본어 학습자 여러분!

이 책을 집어든 여러분은 아마도 일본어 학습의 첫 걸음을 내딛으려는 초급 학습자일 것입니다. 일본어를 배우는 과정은 새로운 문화와 언어를 이해하고, 세계를 넓히는 흥미진진한 여정이 될 것입니다. 이 책은 『초급 일본어 회화 1』에 이어서 그런 여정을 돕기 위해 기획되었습니다.

일상회화와 JLPT N5, N4 문형을 한 번에 배울 수 있도록 구성된 이 학습서는, 일본어의 기초를 탄탄히 다지며 실생활에서 바로 사용할 수 있는 표현들을 익히는 것을 목표로 합니다. 또한, 일본어 능력시험(JLPT) N5, N4 수준의 문법과 어휘를 효과적으로 습득할 수 있도록 다양한 예문과 연습 문제를 담았습니다.

이 책의 특징은 다음과 같습니다.

1. 일상 회화와 JLPT N5, N4 문형을 한번에 !

1) 일상회화 중심: 실제 상황에서 바로 사용할 수 있는 대화문을 통해 자연스럽게 일본어를 익힐 수 있습니다.
2) JLPT N5, N4 대비: JLPT N5, N4 시험에 자주 출제되는 문형과 어휘를 집중적으로 학습하여, 시험 준비와 실력 향상을 동시에 도모할 수 있습니다.

2. 핵심 문법 완성

1) 체계적인 문법 학습: 일본어의 핵심 문법을 단계별로 설명하고, 이해를 돕기 위한 풍부한 예문을 제공합니다.
2) 실용적인 연습 문제: 각 단원마다 다양한 연습 문제를 통해 배운 내용을 복습하고, 실력을 점검할 수 있습니다.

3. JLPT N5, N4 상용한자 학습

1）상용한자 학습: 본문에는 일상생활에서 자주 사용되는 상용한자를 제시하여, 실질적인 읽기 능력을 향상시킬 수 있습니다.
2）별책 부록: JLPT N5, N4 시험에 필요한 한자를 별도로 정리한 부록을 통해, 보다 체계적으로 한자 학습을 할 수 있도록 도와드립니다. 한자 때문에 포기하지 마세요.

이 책을 통해 일본어의 기초를 확실하게 다지고, 일상회화와 JLPT N5, N4 시험 준비를 동시에 할 수 있기를 바랍니다. 새로운 언어를 배우는 과정은 때로는 어려울 수 있지만, 꾸준히 학습한다면 분명 좋은 결과를 얻을 수 있을 것입니다.

여러분의 일본어 학습 여정에 이 책이 든든한 동반자가 되기를 바랍니다.
がんばってください!

감사합니다.

2024년 7월
한국외대 이문동 캠퍼스에서

八野 友香

목차

기호 설명

〔い〕い형용사 　〔な〕な형용사 　〔1〕1그룹 동사 　〔2〕2그룹 동사 　〔3〕3그룹 동사 　〔N〕명사

東京は、どこですか。

01 Clip

학습목표 / 학습내용 **명사 긍정문, 명사 의문문, 조사「の」**

1. 문형 ～です。 ～입니다.
2. 문형 ～ですか。 ～입니까?
3. 문형 명사＋の＋명사 ～의~
4. 문형 ～は、どこですか。 ～은/는 어디입니까?

오늘의 퀴즈

'다나카 씨의 집은 어디입니까?'는 일본어로 뭐라고 할까요?

>>>> 학습하기

단어 익히기

☐ 日本
にほん   일본

☐ 地図
ちず   지도

☐ 首都
しゅと   수도

☐ 東京
とうきょう   도쿄

（지도를 보면서）

キム　田中さん、これは、日本地図ですか。

田中　そうですよ。

キム　日本の首都は、どこですか。

田中　日本の首都は、東京です。

キム　東京は、どこですか。

（도쿄를 가리키면서）

田中　東京は、ここです。

（지도를 보면서）
김민지 : 다나카 씨 이것은 일본 지도인가요?
다나카 : 맞아요.
김민지 : 일본의 수도는 어디인가요?
다나카 : 일본의 수도는 도쿄이에요.
김민지 : 도쿄는 어디에요?
（도쿄를 가리키면서）
다나카 : 도쿄는 여기에요.

01

> **문형 ～です。～입니다.**
>
> **   ～ですか。～입니까?**
>
> ① 私は、韓国人です。 저는 한국사람입니다.
>
> ② 学生ですか。 학생입니까?
>
> 단어 私 저, 나   韓国人 한국 사람   学生 학생

☑ **명사 긍정문 : 명사+です。～입니다.**

☑ **명사 의문문 : 명사+ですか。～입니까?**

· 私は、日本人です。 저는 일본 사람입니다.

· 大学生ですか。 대학생입니까?

단어 日本人 일본 사람   大学生 대학생

02

> **문형 명사+の+명사 ～의～**
>
> ① 私は、韓国人です。 저는 한국사람입니다.
>
> ② 会社の同りょう 회사 동료
>
> ③ 大学の友達 대학교 친구
>
> ④ サッカーの試合 축구 시합

단어 会社 회사　同りょう 동료　大学 대학교　友達 친구　サッカー 축구
　　　試合 시합

☑ **명사+の+명사 ～의～**

명사와 명사 사이에는 「の」가 들어간다.

- 田中さんの本　다나카 씨의 책

- 日本語の勉強　일본어 공부

- 電車の中　전철 안

단어 田中さん 다나카 씨　本 책　日本語 일본어　勉強 공부　電車 전철
　　　中 ～안

03

문형　～は、どこですか。～은/는 어디입니까?

① 教室は、どこですか。교실은 어디입니까?

② 東京駅は、どこですか。도쿄 역은 어디입니까?

③ 田中さんの家は、どこですか。다나카 씨 집은 어디입니까?

단어 どこ 어디　教室 교실　東京 도쿄　駅 역　家 집

☑ **～は、どこですか。～은/는 어디입니까?**

- 図書館は、どこですか。도서관은 어디입니까?

- トイレは、どこですか。화장실은 어디입니까?

- きっぷ売り場は、どこですか。매표소는 어디입니까?

단어 図書館 도서관　トイレ 화장실(お手洗い)　きっぷ 표　売り場 매장

☑ **〜は、どちらですか。** 〜은/는 어디십니까?

- 「どこ(어디)」보다 정중한 말.
  おすまいは、**どちら**ですか。 사시는 곳은 어디십니까?
- 「どっち(어느 쪽)」보다 정중한 말.
  どちらになさいますか。 어느 쪽으로 하시겠습니까?
- 「だれ(누구)」보다 정중한 말.
  どちらさまですか。 누구십니까?

정리하기

1) **〜です。** 〜입니다.

① 妹は、大学生**です**。 여동생은 대학생입니다.
② 試験は、明日**です**。 시험은 내일입니다.
③ 集まりは、土曜日**です**。 모임은 토요일입니다.

단어 妹 여동생　明日 내일　集まり 모임　土曜日 토요일

2) **〜ですか。** 〜입니까?

① 妹さんは、大学生**ですか**。 여동생분은 대학생입니까?
② 試験は、明日**ですか**。 시험은 내일입니까?
③ 集まりは、土曜日**ですか**。 모임은 토요일입니까?

단어 妹さん 남의 여동생을 가리킬 때, 여동생분

3) 명사＋の＋명사　~의~

① ここが私の家です。여기가 나의 집입니다.

② 銀行は、駅のとなりです。은행은 전철역 옆입니다.

③ 彼は、私の友達です。그는 나의 친구입니다.

[단어] 銀行 은행　となり 옆　彼 그(사람)

4) ~は、どこですか。　~은/는 어디입니까?

① お手洗いは、どこですか。화장실은 어디입니까?

② エレベーターは、どこですか。엘리베이터는 어디입니까?

③ レジは、どこですか。계산대는 어디입니까?

[단어] エレベーター 엘리베이터　レジ 계산대

(오늘의 퀴즈 정답)───────────────────────────

⇒ 田中さんの家は、どこですか。

田中さんのご自宅は、どちらですか。

田中さんのおすまいは、どちらですか。

(にほんごのポイント)

Q1

회화문의 「日本地図ですか。」에서 「日本の地図ですか。」처럼 명사와 명사 사이에 「の」가 안 들어가나요?

A1

한자어로 된 익숙한 명사인 경우, 예를 들어 日本旅行, 海外旅行, 電話番号와 같이 「の」가 생략이 됩니다. 그래서 「日本地図ですか。」라고 해도 되고, 「日本の地図ですか。」라고 해도 됩니다.

기본적으로 명사와 명사 사이에 「の」가 들어갑니다.예를 들어,

田中さんの本〔소유〕, 日本語の勉強〔내용설명〕, 電車の中〔위치기준〕, 田中さんの作品
〔작성자〕, 明日の朝〔때〕처럼 말합니다.

「の」를 생략했을 때 어색함이 없는지에 대해서는 많은 일본어에 접해봐야 습득할 수 있는
부분인데요, 「日本地図」처럼 주로 4자인 경우에 「の」를 생략하는 경향이 있습니다. 앞으로
일본어 문장이나 회화를 들으면서 어떨 때 생략이 되어 있는지 주의해서 보면 좋을 것 같습
니다.

Q2
「東京駅」는 왜 「東京の駅」처럼 「の」가 안 들어가나요?

A2
「東京駅」는 고유명사(固有名詞)입니다. 고유명사에는 「の」가 들어가지 않습니다.
고유명사에는 사람 이름/나라 이름/지명/단체명/상품명 같은 것이 있습니다.

02

Clip

1. 문형 ～じゃありません。 ～가/이 아닙니다.
2. ここ、そこ、あそこ、どこ 이곳, 그곳, 저곳, 어디

오늘의 퀴즈

'그것은 나의 가방이 아닙니다.'는 일본어로 뭐라고 할까요?

>>>> 학습하기 ────────────────────────○

단어 익히기

☐ トイレ   화장실

☐ あそこ   저기

☐ そっち   그쪽

☐ こっち   이쪽

☐ そこ   거기

- [ ] ここ   여기
- [ ] 右<ruby>右<rt>みぎ</rt></ruby>   오른쪽
- [ ] 左<ruby>左<rt>ひだり</rt></ruby>   왼쪽
- [ ] ドア   문

오늘의 회화

キム　　たなかさん、トイレはどこですか。

（화장실 쪽을 가리키면서）

田中　　トイレは、あそこですよ。

キム　　ありがとうございます。

（민지 씨가 화장실이 아닌 다른 쪽으로 가고 있는 것을 보고）

田中　　あ、そっちじゃありませんよ。こっちです。

キム　　あ、こっちですか。

田中　　はい。あ、そこじゃありません。右のドアです。

キム　　ここですね。ありがとうございます。

김민지：다나카 씨 화장실은 어디에요?
다나카：화장실은 저쪽이에요.
김민지：고맙습니다.
（민지 씨가 화장실이 아닌 다른 쪽으로 가고 있는 것을 보고）
다나카：아, 그쪽이 아니에요. 이쪽이에요.
김민지：아, 이쪽이에요?
다나카：네.

(민지 씨가 왼쪽 문을 여는 것을 보고)

다나카 : 아, 거기가 아니에요. 오른쪽 문이요.

김민지 : 여기군요. 고맙습니다.

 문형 학습하기

01

> **문형 ～じゃありません。～가/이 아닙니다.**
>
> ① 学生じゃありません。 학생이 아닙니다.
>
> ② A : 今日は休みですか。 오늘은 쉬는 날입니까?
>
> B : いいえ、休みじゃありません。 아니요, 쉬는 날이 아닙니다.
>
> 단어 今日 오늘 休み 쉬는 날

☑ **명사 부정문 : 명사+じゃありません。～가/이 아닙니다.**

- 試験は、今日じゃありません。 시험은 오늘이 아닙니다.

- それは、私のかばんじゃありません。 그것은 나의 가방이 아닙니다.

  단어 試験 시험

02

> **ここ, そこ, あそこ, どこ 여기, 거기, 저기, 어디**
>
> ① A : ここは、禁煙席ですか。 여기는 금연석입니까?
>
> B : はい、そうですよ。 네, 맞아요.

② A : **あそこ**は、コーヒーショップですか。 저기는 커피숍입니까?

　　B : **どこ**ですか。 어디에요?

단어 禁煙席 금연석　　コーヒーショップ 커피숍

☑ 장소를 가리키는 지시 대명사 こそあど(1)

이곳, 여기	그곳, 거기	저곳, 저기	어디
ここ	そこ	あそこ	どこ

- A : 教室は、**どこ**ですか。 교실은 어디입니까?

  B : 305号室です。 305호실입니다.

- A : おすし屋さんは、**どこ**ですか。 초밥 집은 어디입니까?

  B : **あそこ**です。 저기입니다.

단어 ～号室 ～호실　　おすし 초밥　　～屋さん ～집

☑ 방향을 가리키는 지시 대명사 こそあど(2)

이쪽	그쪽	저쪽	어느 쪽
こっち	そっち	あっち	どっち
(정중한 표현) こちら	そちら	あちら	どちら

- こっちですか。 이쪽인가요?

- こちらへ、どうぞ。 이쪽으로 오세요.

1) 문형 ～じゃありません。～가/이 아닙니다.

　① あの建物は、ホテルじゃありません。 저 건물은 호텔이 아닙니다.

　② それは、食べ物じゃありません。 그것은 음식이 아닙니다.

　③ ここは、お店じゃありません。 여기는 가게가 아닙니다.

　단어 ホテル 호텔　食べ物 음식　お店 가게

2) 장소를 가리키는 지시 대명사

　① ホテルは、どこですか。 호텔은 어디입니까?

　② ホテルは、あそこです。 호텔은 저기입니다.

　③ 私の部屋は、ここです。 제 방은 여기입니다.

　단어 部屋 방

3) 방향을 가리키는 지시 대명사

　① どっちが私のコーヒーですか。 어느 쪽이 저의 커피입니까?

　② こっちが田中さんのコーヒーです。 이쪽이 다나카 씨의 커피입니다.

　③ お座席は、あちらです。 좌석은 저쪽이십니다.

　단어 お座席 좌석

오늘의 퀴즈 정답

⇒ それは私のかばんじゃありません。

Clip 03

학습목표 / 학습내용 こそあど（2），**명사를 대신하는「の」**，こそあど（3）

1. この、その、あの、どの＋명사 이, 그, 저, 어느～
2. 명사를 대신하는「の」
3. これ、それ、あれ、どれ 이것, 그것, 저것, 어느 것

오늘의 퀴즈

'아니요, 제 것이 아닙니다.'는 일본어로 뭐라고 할까요?

>>>> 학습하기 ─────────────────○

단어 익히기

□ 本^{ほん}	책
□ どなた	「誰^{だれ} 누구」보다 정중한 표현. どちらさま와 같은 말.
□ 女^{おんな}の人^{ひと}	여자
□ 男^{おとこ}の人^{ひと}	남자

（책을 들면서）

キム　田中さん、この本、田中さんのですか。

田中　はい、そうです。

（다른 책을 들면서）

キム　これも田中さんのですか。

田中　いいえ、それは私のじゃありません。木村さんのです。

キム　どなたが木村さんですか。

（멀리 보이는 기무라 씨를 가리키면서）

田中　あの女の人です。

（책을 들면서）
김민지 : 다나카 씨 이 책, 다나카 씨 거예요?
다나카 : 네, 맞아요.
（다른 책을 들면서）
김민지 : 이것도 다나카 씨 거예요?
다나카 : 아니요, 그 책은 제 것이 아니에요. 기무라 씨 거예요.
김민지 : 어느 분이 기무라 씨인가요?
（멀리 보이는 기무라 씨를 가리키면서）
다나카 : 저 여자분이요.

01

この、その、あの、どの＋명사 이, 그, 저, 어느~

① この机 이 책상

② A：あの人は、先生ですか。 저 사람은 선생님입니까?

　B：どの人ですか。 어느 사람입니까?

단어 机 책상　先生 선생님

☑ **사물과 사람을 가리키는 지시대명사 こそあど(3)**

이	그	저	어느
この	その	あの	どの

☑ **この、その、あの、どの＋명사 이, 그, 저, 어느~**

- このかばん 이 가방

- そのかさ 그 우산

- あの建物 저 건물

단어 かさ 우산　建物 건물

---

* **사람을 가리킬 때**

～人	この人 이 사람	その人 그 사람	あの人 저 사람	どの人 어느 사람
～方	この方 이 분	その方 그 분	あの方 저 분	どの方 어느 분

- あの人がすずきさんです。 저 사람이 스즈키 씨입니다.

- あの方は、どなたですか。 저 분은 누구십니까?

명사를 대신하는 「の」

① その本は、ミョンさんのです。 그 책은 미영 씨의 것입니다.

② すずき : あのかばんは、田中さんのですか。 저 가방은 다나카 씨의 것입니까?

　　田中 : いいえ、私のじゃありません。 아니요, 저의 것이 아닙니다.

　　　　　木村さんのです。 기무라 씨의 것입니다.

☑ **명사를 대신하는 「の」**

앞서 나온 명사 (전형적인 '물건'만을 말함) 을 반복하지 않고 「の」를 대신 쓴다.

• この本は、田中さんのです。 이 책은 다나카 씨의 것입니다.

　(この本は、田中さんの本です。)

• この本は、田中さんのじゃありません。 이 책은 다나카 씨의 것이 아닙니다.

　(この本は、田中さんの本じゃありません。)

これ、それ、あれ、どれ 이것, 그것, 저것, 어느 것

① A : これは、塩ですか。 이것은 소금입니까?

　B : はい、それは塩です。 예, 그것은 소금입니다.

② A : さとうは、どれですか。 설탕은 어느 것입니까?

　B : それです。 그것입니다.

단어 塩 소금　さとう 설탕

☑ **사물을 가리키는 지시대명사 こそあど(4)**

이것	그것	저것	어느 것
これ	それ	あれ	どれ

- これは、日本のお茶です。 이것은 일본의 차입니다.

- それは、韓国のおかしです。 그것은 한국 과자입니다.

- あれは、田中さんの車です。 저것은 다나카 씨의 자동차입니다.

단어 お茶(마시는) 차　　おかし 과자　　車 자동차

정리하기

1） 사물과 사람을 가리키는 지시대명사

① この方が田中さんですか。 이 분이 다나카 씨입니까?

② あの建物は、銀行です。 저 건물은 은행입니다.

③ あの男の人は、どなたですか。 저 남자 분은 누구십니까?

2） 사물을 가리키는 지시대명사

① これは、何ですか。 이것은 무엇입니까?

② それは、韓国のお酒です。 그것은 한국의 술입니다.

③ 田中さんのかばんは、どれですか。 다나카 씨의 가방은 어느 것입니까?

3） 명사를 대신하는 「の」

① これは、私のじゃありません。 이것은 나의 것이 아닙니다.

② それは、山田さんのじゃありません。 그것은 야마다 씨 것이 아닙니다.

③ どれが田中さんのですか。 어느 것이 다나카 씨 것입니까?

⟹ いいえ、私のじゃありません。

학습정리문제(H5P)

아, 그쪽이 아니에요. 이쪽이에요.

あ、そっちじゃありませんよ。こっちです。

よかったですね。

Clip 01

학습목표 / 학습내용   い形容詞

1. 문형 い形容詞＋명사 〜한〜
2. 문형 い形容詞＋です 〜습니다.
3. 문형 (い形容詞)い＋くありません (くないです) 〜하지 않습니다.
4. 문형 (い形容詞)い＋かったです/くありませんでした 〜했습니다./〜지 않았습니다.

오늘의 퀴즈

'오늘은 날씨가 그다지 좋지 않습니다.'는 일본어로 뭐라고 할까요?

>>>> 학습하기 ─────────────────────────○

단어 익히기

☐ やさしい   〔い形〕 자상하다

☐ きびしい   〔い形〕 엄하다

☐ おもしろい   〔い形〕 재밌다

☐ 難しい   〔い形〕 어렵다
　　むずか

□ 発音（はつおん）　　　　　　　　발음

□ 会話（かいわ）　　　　　　　　　회화

□ テスト　　　　　　　　　　　　　시험

오늘의 회화

木村（きむら）　パクさん、日本語（にほんご）の先生（せんせい）は、どうですか。

パク　とてもやさしい先生（せんせい）です。

木村（きむら）　へー、いいですね。

パク　木村（きむら）さんの韓国語（かんこくご）の先生（せんせい）は、どうですか。

木村（きむら）　私（わたし）の先生（せんせい）は少（すこ）しきびしいです。でも、おもしろい先生（せんせい）です。

パク　そうですか。韓国語（かんこくご）は、難（むずか）しくありませんか。

木村（きむら）　発音（はつおん）が少（すこ）し難（むずか）しいです。

パク　会話（かいわ）のテストは、どうでしたか。

木村（きむら）　テストは少（すこ）し難（むずか）しかったです。

기무라 : 재원 씨 일본어 선생님은 어떠세요?

박재원 : 매우 자상한 선생님이세요.

기무라 : 우와 좋으시겠네요.

박재원 : 기무라 씨의 한국어 선생님은 어떠세요?

기무라 : 저희 선생님은 조금 엄격하세요. 하지만 재밌는 선생님이세요.

박재원 : 그렇군요. 한국어는 어렵지 않으세요?

기무라 : 발음이 조금 어려워요.

박재원 : 회화 시험은 어땠어요?

기무라 : 시험은 조금 어려웠어요.

01

> **문형 い형용사＋명사 ～한～**
>
> ① 広い部屋 넓은 방
> ② 明るい人 밝은 사람
> ③ 忙しい日 바쁜 날
>
> **단어** 広い〔い형〕넓다   明るい〔い형〕밝다   忙しい〔い형〕바쁘다   部屋 방
> 　　　人 사람   日 날

☑ 일본어 형용사

일본어 형용사는 두 가지로 나눌 수 있는데, 하나는 명사를 수식할 때 い로 끝나는 **い형용사**, 또 하나는 な로 끝나는 **な형용사**이다.

おもしろい先生 재미있는 선생님 ···· **い형용사**

きれいな先生 예쁜 선생님 ···· **な형용사**

> **단어** おもしろい〔い형〕재미있다   きれい〔な형〕예쁘다

☑ い형용사

い형용사의 사전형은 모두 'い'로 끝난다.

忙しい 바쁘다	楽しい 즐겁다
面白い 재미있다	難しい 어렵다
うれしい 기쁘다	かわいい 귀엽다

반대말로 외워보세요 !

大^{おお}きい 크다	⇔	小^{ちい}さい 작다
新^{あたら}しい 새롭다	⇔	古^{ふる}い 오래되다
良^よい / いい 좋다	⇔	悪^{わる}い 나쁘다
暑^{あつ}い 덥다	⇔	寒^{さむ}い 춥다
		涼^{すず}しい 시원하다
熱^{あつ}い 뜨겁다	⇔	冷^{つめ}たい 차갑다
長^{なが}い 길다	⇔	短^{みじか}い 짧다
重^{おも}い 무겁다	⇔	軽^{かる}い 가볍다
暖^{あたた}かい 따뜻하다	⇔	寒^{さむ}い 춥다
温^{あたた}かい 따뜻하다	⇔	冷^{つめ}たい 차갑다
広^{ひろ}い 넓다	⇔	狭^{せま}い 좁다
近^{ちか}い 가깝다	⇔	遠^{とお}い 멀다
高^{たか}い 비싸다	⇔	安^{やす}い 싸다
高^{たか}い 높다	⇔	低^{ひく}い 낮다
早^{はや}い (시간이) 빠르다	⇔	遅^{おそ}い 늦다
速^{はや}い (속도가) 빠르다		
優^{やさ}しい 자상하다	⇔	厳^{きび}しい 엄하다
		怖^{こわ}い 무섭다
甘^{あま}い 달다		辛^{から}い 맵다

☑ **따뜻하다 : 暖^{あたた}かい VS 温^{あたた}かい**

- 今日^{きょう}は暖^{あたた}かいですね。 오늘은 따뜻하네요.

- 温^{あたた}かいスープです。 따뜻한 수프입니다.

[단어] スープ 수프

☑ い형용사＋명사＋です。　～한 ～입니다.

- 広い部屋です。넓은 방입니다.

- 新しい車です。새로운 승용차입니다.

- 大きいかばんです。큰 가방입니다.

단어 新しい〔い형〕새롭다　大きい〔い형〕크다　車 승용차

문형　い형용사＋です ～습니다.

① A：寒いですか。춥습니까?

　　B：寒いです。춥습니다.

② A：今日は忙しいですか。오늘은 바쁩니까?

　　B：はい。今日は忙しいです。네. 오늘은 바빠요.

③ A：これ、どうですか。おいしいですか。이것, 어때요? 맛있어요?

　　B：少し辛いです。조금 매워요.

단어 寒い〔い형〕춥다　おいしい〔い형〕재미있다　辛い〔い형〕맵다　今日 오늘

どうですか。어떻습니까?　少し 조금

☑ い형용사 [긍정]：い형용사＋です ～습니다.

- 楽しいです。즐겁습니다.

- 難しいです。어렵습니다.

- かわいいです。귀엽습니다.

단어 楽しい〔い형〕즐겁다　難しい〔い형〕어렵다　かわいい〔い형〕귀엽다

문형 (い형용사) **い+くありません(くないです) ～하지 않습니다.**

① A : 甘くありませんか。(甘くないですか。) 달지 않습니까?

　 B : いいえ、甘くありません。(甘くないです。) 아니요, 달지 않습니다.

② A : 少し寒くありませんか。(寒くないですか。) 조금 춥지 않습니까?

　 B : いいえ、寒くありません。(寒くないです。) 아니요, 춥지 않습니다.

단어 甘い〔い형〕 달다

☑ い형용사[부정]

보통형 : (い형용사) **い+くない** ～하지 않다.

정중형 : (い형용사) **い+くありません(くないです)** ～하지 않습니다.

い형용사의 부정형('～하지 않다.')는 어미 'い'를 'く'로 바꾸고, 'ない'를 붙여 '～くない'라고 하면 된다. 정중하게 말할 때는 'ありません' 또는 'ないです'라고 한다.

〔い형용사 활용〕

	긍정	부정
보통형	おいしい 맛있다	**い+く ない** おいしく ない 맛있지 않다
정중형	い형용사＋です おいしいです 맛있습니다	**い+く ありません** おいしく ありません 맛있지 않습니다. **(い+く ないです)** (おいしく ないです 맛있지 않습니다.)

- 大きい 크다 　→ 大きくない → 大きくありません(大きくないです)

- 小さい 작다　→　小さくない　→　小さくありませ(小さくないです)

- 新しい 새롭다　→　新しくない　→　新しくありません(新しくないです)

- 古い 오래되다　→　古くない　→　古くありません(古くないです)

04

문형 **(い형용사) い＋かったです ～했습니다.**

　　　(い형용사) い＋くありませんでした ～하지 않았습니다.

① A：旅行は楽しかったですか。여행은 즐거웠어요?

　B：はい、とても楽しかったです。네, 아주 즐거웠어요.

② A：テストは難しかったですか。시험은 어려웠어요?

　B：いいえ、難しくありませんでした。(難しくなかったです。)

　　아니요, 어렵지 않았어요.

단어 旅行 여행　テスト 시험

☑ い형용사 과거형

〔い형용사 과거형〕

	긍정	부정
보통형	い ＋ かった おいしかった 맛있었다	い ＋ くなかった おいしくなかった 맛있지 않았다
정중형	い ＋ かったです おいしかったです 맛있었습니다	い ＋ くありませんでした おいしくありませんでした 맛있지 않았습니다 (い＋くなかったです) (おいしくなかったです)

☑ **いい(좋다)의 활용**

「いい 좋다」의 부정형과 과거형은 「良い」의 활용으로 「良くない」「良くなかった」가
된다.

〔いい(良い)비과거형〕

	긍정	부정
보통형	いい (良い) 좋다	良くない 좋지 않다
정중형	いいです (良いです) 좋습니다	良くありません (良くないです) 좋지 않습니다.

〔いい(良い) 과거형〕

	긍정	부정
보통형	良かった 좋았다	良くなかった 좋지 않았다
정중형	良かったです 좋았습니다	良くありませんでした (良くなかったです) 좋지 않았습니다

• 今日は、天気があまり良くありません。(良くないです)
  오늘은 날씨가 그다지 좋지 않습니다.

• 昨日は、天気があまり良くありませんでした。(良くなかったです)
  어제는 날씨가 그다지 좋지 않았습니다.

단어 天気 날씨 あまり 그다지

1) い형용사＋명사 ～한 ～

① 彼は、**やさしい人**です。 그는 자상한 사람입니다.

② これは、**温かい飲み物**です。 이것은 따뜻한 음료입니다.

③ 今日は、**いい天気**ですね。 오늘은 좋은 날씨네요.

단어 やさしい 〔い형〕 자상하다   温かい 〔い형〕 따뜻하다   飲み物 음료

　　　 いい 〔い형〕 좋다

2) い형용사＋です ～습니다

① A : **おいしいですか。** 맛있어요?

　 B : はい、とても**おいしいです。** 네, 아주 맛있어요.

② A : 授業は、**楽しいですか。** 수업은 즐거워요?

　 B : はい、とても**楽しいです。** 네, 아주 즐거워요.

③ A : 最近、**忙しいですか。** 요즘 바빠요?

　 B : はい、とても**忙しいです。** 네, 아주 바빠요.

단어 とても 아주   最近 요즘

3) (い형용사)い＋くありません（くないです） ～하지 않습니다.

① A : 家は、**遠いですか。** 집은 멀어요?

　 B : いいえ、あまり**遠くありません。**（**遠くないです。**） 아니요, 그다지 멀지 않습니다.

② A : **難しくありませんか。**（**難しくないですか。**） 어렵지 않아요?

　 B : 少し**難しいです。** 조금 어려워요.

③ A : **怖くありませんか。**（**怖くないですか。**） 무섭지 않아요?

　 B : 全然、**怖くありません。**（**怖くないです。**） 전혀 무섭지 않아요.

遠い〔い형〕멀다　怖い〔い형〕무섭다　全然 전혀

4）（い형용사）い ＋ かったです

（い형용사）い ＋ くありませんでした

① ホテルは、とても良かったです。 호텔은 아주 좋았습니다.

② 今日は、あまり寒くありませんでした。 오늘은 그다지 춥지 않았습니다.

③ この映画は、あまりおもしろくありませんでした。 이 영화는 그다지 재밌지 않았습니다.

─［ 오늘의 퀴즈 정답 ］──────────────────────

⇒ 今日は、天気があまり良くありません。（良くないです）

［ にほんごのポイント ］

Q1

「いいですね。」의 마지막에 「ね」는 왜 붙나요?

A1

문장 끝에 붙이는 「ね」는 종조사라고 합니다. 종조사(終助詞)에는 여러 가지가 있는데, 자주 쓰는 종조사(終助詞)에 「よ」도 있습니다.

「ね」 : 상대도 아는 것에 대해서 동의 / 공감 / 확인을 할 때

• A : いい天気ですね。 날씨 좋네요.

　B : 本当ですね。　진짜네요.

• 明日から出張ですね。 내일부터 출장이네요.

나만 알고 있는 정보에 「ね」를 붙이면 부자연스럽고 어색합니다.

○ 私の名前はキムです。 저의 이름은 김입니다.

× 私の名前はキムですね。

○ 私は昨日ソウルから来ました。 저는 어제 서울에서 왔습니다.

× 私は昨日ソウルから来ましたね。

「よ」 : 상대가 모르는 것에 대해서 주의 환기 / 의견 주장을 할 때

- あ、さいふが落ちましたよ。 앗, 지갑이 떨어졌어요.
- 水をたくさん飲んだ方がいいですよ。 물을 많이 마시는 편이 좋을 거에요.

「よ」는 윗사람에게 사용하지 않습니다.

종조사(終助詞)는 잘 못 사용하면 상대방에게 불쾌감을 줄 수 있어서 주의해야 합니다.

Q2
「よかったですね。」는 언제 쓰나요?

A2

상대에 좋은 결과에 대해서 하는 말로 한국어로 '다행이네요.'라는 뜻이 됩니다.

A:試験に合格したんですよ。 시험에 합격했어요.

B:よかったですね。 おめでとうございます。 다행이네요. 축하드려요.

Clip 02

な형용사

1. 문형 **な형용사**＋な＋명사 ～한～
2. 문형 **な형용사**＋です ～합니다.
3. 문형 **な형용사**＋じゃありません(じゃないです) ～지 않습니다.
4. 문형 **な형용사**＋でした / じゃありませんでした ～했습니다. / ～지 않았습니다.

오늘의 퀴즈

'힘들지 않습니까?'는 일본어로 뭐라고 할까요?

>>>> 학습하기 ─────────────────○

단어 익히기

□ 好き   〔な형〕좋아함

□ 食べ物   음식

□ めんるい   면 종류

□ 特に   특히

☐ うどん	우동
☐ 大好き	매우 좋아함
☐ うれしい	〔い형〕 기쁘다
☐ この辺	이 주변
☐ うどん屋	우동집
☐ ～んです	～거든요.
☐ 店内	가게 안
☐ あまり	그다지
☐ きれい	〔な형〕 깨끗함
☐ 料理	요리
☐ 味	맛
☐ 最高	최고
☐ 楽しみ	기대됨

(점심 시간)

木村　パクさん、好きな食べ物は何ですか。

パク　私は、めんるいが好きです。特にうどんが大好きです。

木村　それじゃ、今日のお昼ごはんは、うどんがいいですね。

パク　　　あ、それは、うれしいです。

（우동 가게 앞에서）

木村　　　この辺では、ここのうどん屋が一番おいしいんですよ。

パク　　　へー、そうなんですね。

木村　　　店内は、あまりきれいじゃありませんが、料理の味は最高ですよ。

パク　　　楽しみです。

（점심 시간）
기무라 : 재원 씨 좋아하는 음식은 뭐예요?
박재원 : 저는 면 종류를 좋아해요. 특히 우동을 매우 좋아해요.
기무라 : 그럼 오늘 점심은 우동이 좋겠네요.
박재원 : 아, 그건 기쁘네요.
（우동 가게 앞에서）
기무라 : 이 주변에서는 여기 우동집이 제일 맛있거든요.
박재원 : 그렇군요.
기무라 : 가게 안은 별로 깨끗하지 않지만, 요리 맛은 최고예요.
박재원 : 기대되요.

 문형 학습하기

01

문형　な형용사＋な＋명사

① **有名な人**　유명한 사람

② **きれいな部屋**　깨끗한 방

③ 大切な思い出 소중한 추억

단어 有名〔な형〕유명함 大切〔な형〕소중함 思い出 추억

☑ な형용사

な형용사의 사전형은 'な'가 없는 형태이다.

きれい 아름다움, 예쁨, 깨끗함	必要 필요함
有名 유명함	色々 여러 가지
親切 친절함	大変 힘듦
元気 건강함	大切 소중함
心配 걱정	大丈夫 괜찮음
楽 편함	無理 무리
簡単 간단함	熱心 열심
快適 쾌적함	真面目 착실함
ひま 한가함	むだ 소용없음
ていねい 정중함	

반대말로 외워보세요!

静か 조용함	⇔	にぎやか 번화함
便利 편리함	⇔	不便 불편함
上手 능숙함	⇔	下手 미숙함
好き 좋아함	⇔	きらい 싫어함
安全 안전함	⇔	危険 위험함
得意 잘 함	⇔	苦手 잘 못함

☑ **な형용사＋な＋명사**

な형용사가 명사를 수식할 때 '**な**'를 붙인다.

- **好きな色** 좋아하는 색
- **親切な人** 친절한 사람
- **得意な科目** 잘하는 과목

단어 親切〔な형〕친절함   得意〔な형〕잘 함   色 색   科目 과목

☑ **い형용사 와 な형용사의 활용표**

	い형용사	な형용사
사전형	おもしろい 재미있다	しずか 조용하다
명사 수식	**い형용사＋명사** おもしろい ほん 재미있는 책	**な형용사＋な＋명사** しずかな まち 조용한 동네
보통형	**い형용사** おもしろい 재미있다	**な형용사＋だ** しずかだ 조용하다
정중형	**い형용사＋です** おもしろいです 재미있습니다	**な형용사＋です** しずかです 조용합니다

02

문형   な형용사＋です ～합니다.

① A：バスが**便利**ですか。 버스가 편리합니까?

  B：はい、バスが**便利**です。 네, 버스가 편리합니다.

② A：今日は、**ひま**ですか。 오늘은 한가합니까?

  B：はい、今日は**ひま**です。 네, 오늘은 한가합니다.

단어 便利〔な형〕편리함   ひま〔な형〕한가함

☑ な형용사 긍정(정중형)

な형용사＋です ～합니다.

- クイズは簡単です。 퀴즈는 간단합니다. (쉽습니다.)
- 仕事が大変です。 일이 힘듭니다.
- 明日は大丈夫です。 내일은 괜찮습니다.
- A：店内は、どうですか。静かですか。 가게 안은 어때요? 조용해요?

  B：まあまあ静かです。 그럭저럭 조용해요.

단어 クイズ 퀴즈　簡単〔な형〕간단함, 쉽다　仕事 일　大変〔な형〕힘듦

大丈夫〔な형〕괜찮음　静か〔な형〕조용함　まあまあ 그럭저럭

03

문형　な형용사 ＋じゃありません(じゃないです)　～지 않습니다.

① A：簡単じゃありませんか。(簡単じゃないですか。)　쉽지 않습니까?

  B：簡単じゃありません。(簡単じゃないです。)　쉽지 않습니다.

② A：大変じゃありませんか。(大変じゃないですか。) 힘들지 않아요?

  B：大丈夫です。 괜찮아요.

☑ な형용사 부정(정중형)

な형용사　＋じゃありません(じゃないです)　～하지 않습니다.

な형용사 부정형은 'では ありません'을 붙이면 된다. 회화에서는 'では' 대신 'じゃ'를 써서 '～じゃ ありません'이라고 한다. 또한, 회화에서는 'ありません' 대신 '**ない**です' 써서 '～**じゃないです**'라고도 한다.

〔예〕〔な형〕きれい

きれいではない 깨끗하지 않다.

きれい**じゃ**ない

きれいではありません 깨끗하지 않습니다.

きれい**じゃ**ありません

きれいではないです 깨끗하지 않습니다.

きれい**じゃ**ないです

〔な형용사 활용〕

	긍정	부정
보통형	な형용사＋だ しずか**だ** 조용하다	な형용사＋じゃない （ではない） しずか**じゃ**ない 조용하지 않다
정중형	な형용사＋です しずか**です** 조용합니다	な형용사＋じゃありません （ではありません） しずか**じゃ**ありません 조용하지 않습니다 （しずかじゃないです）

문형   な형용사＋でした ～했습니다.
**　　　な형용사＋じゃありませんでした ～하지 않았습니다.**

① A : テストは、どうでしたか。 시험은 어땠어요?

　 B : 思ったより簡単でした。 생각보다 쉬웠어요. (간단했어요.)

② A：仕事は、大変じゃありませんでしたか。일은 힘들지 않았어요?

　　B：思ったより大変じゃありませんでした。생각보다 힘들지 않았어요.

단어 思ったより 생각보다　　仕事 일

☑ な형용사 과거형

〔な형용사 과거형〕

	긍정	부정
보통형	な형용사＋だった しずかだった 조용했다.	な형용사＋じゃなかった しずかじゃなかった 조용하지 않았다.
정중형	な형용사＋でした しずかでした 조용했습니다.	な형용사＋じゃありませんでした しずかじゃありませんでした 조용하지 않았습니다.

정리하기

1）な형용사＋명사　～한 ～

① A：好きな食べ物は、何ですか。좋아하는 음식은 무엇입니까?

　　B：おすしです。초밥입니다.

② A：得意な科目は、何ですか。잘하는 과목은 무엇입니까?

　　B：数学です。수학입니다.

③ A：この地域は、安全ですか。이 지역은 안전합니까?

　　B：はい、安全な地域です。네, 안전한 지역입니다.

단어 食べ物 음식　　数学 수학　　安全〔な형〕안전하다　　地域 지역

2) **な形容詞＋です ～합니다.**

① パスポートは、**必要ですか。** 여권은 필요합니까?

② 妹さんは、**元気ですか。** 여동생 분은 잘 있어요?

③ **大丈夫ですか。** 괜찮습니까?

단어 パスポート 여권　必要〔な形〕 필요하다　元気〔な形〕 건강하다

3) **な形容詞＋じゃありません（じゃないです）　～하지 않습니다.**

① A：**心配じゃありませんか。（心配じゃないですか。）** 걱정되지 않습니까?

　　B：ちょっと**心配です。** 조금 걱정입니다.

② A：交通は**不便じゃありませんか。（不便じゃないですか。）** 교통은 불편하지 않습니까?

　　B：いいえ、**不便じゃありませんよ。（不便じゃないですよ。）** 아니요, 불편하지 않습니다.

③ A：英語は**得意ですか。** 영어는 잘합니까?

　　B：いいえ、**得意じゃありません。（得意じゃないです。）** 아니요, 잘하지 않습니다.

단어 心配〔な形〕 걱정하다　交通 교통　不便〔な形〕 불편하다　英語 영어

4) **な形容詞＋でした／じゃありませんでした　～했습니다./～하지 않았습니다.**

① 山がとても**きれいでした。** 산이 아주 아름다웠습니다.

② 田中さんは**元気でしたか。** 다나카 씨는 잘 있었어요? (건강했어요?)

③ 学生のころは、コーヒーがあまり**好きじゃありませんでした。**
학생 때는 커피를 그다지 좋아하지 않았습니다.

단어 山 산　学生のころ 학생 때　コーヒー 커피

⇒ 大変じゃありませんか。（大変じゃないですか。）

Q1

「～んです。」는 언제 쓰나요?「一番おいしいですよ。」와「一番おいしい<u>ん</u>ですよ。」는 어떻게 다르나요?

A1

「～んです。」는「～のです。」의 회화체입니다. 자신의 행동이나 말에 대해 이유를 설명하거나, 강조할 때 사용합니다. 한국어의 '～거든요' '～더라구요'와 비슷합니다.

一番おいしいですよ。 제일 맛있어요.

一番おいしい<u>ん</u>ですよ。 제일 맛있거든요.（맛있더라구요.）

형용사에 접속할 때는 다음과 같이 활용합니다.

• い형용사 보통형＋んです

忙しいんです。 바쁘거든요.

忙しくないんです。 바쁘지 않거든요.

忙しかったんです。 바빴거든요.

忙しくなかったんです。 바쁘지 않았거든요.

• な형용사 보통형＋んです

便利<u>な</u>んです。（＊な형용사 사전형＋な＋んです） 편리하거든요.

便利じゃないんです。 편리하지 않거든요.

便利だったんです。 편리했거든요.

便利じゃなかったんです。 편리하지 않았거든요.

「~んです」는 판단을 내릴 만한 근거가 있을 경우에 한해서 사용되는 제한적인 표현이어서 적절하지 않는 장면에서 사용하게 되면 어색한 표현이 되어버립니다. 잘 못 쓰게 될 경우에 따지는 것처럼 느껴지기도 합니다. 윗사람이나 처음 만난 사람과 이야기를 할 때는 주의해야 합니다.

Q2
「そうなんですね。」는 언제 쓰나요?

A2
자신이 몰랐을 때의 맞장구로 사용합니다.

　　A：この本、とてもおもしろいですよ。 이 책 아주 재밌어요.
　　B：**そうなんですね。** 読んでみたいです。 그렇군요. 읽어보고 싶어요.

そうなんですか。」라고도 합니다. 이 때는 의문문이 아니기 때문에 어미 「か」를 올리지 않고 내려야 합니다.

　　そうなんですか。 ↘

Clip 03

학습목표 / 학습내용   **형용사 て형**

1. 문형 (い형용사)い +くて 〜하고, 〜해서
2. 문형 な형용사 +で 〜하고, 〜해서

오늘의 퀴즈

'다나카 씨는 친절하고 자상합니다.'는 일본어로 뭐라고 할까요?

>>>> 학습하기 ─────────────────○

단어 익히기

□ <ruby>新<rt>あたら</rt></ruby>しい   〔い형〕새롭다

□ <ruby>部屋<rt>へや</rt></ruby>   방

□ <ruby>広<rt>ひろ</rt></ruby>い   〔い형〕넓다

□ きれい   〔な형〕예쁨, 깨끗함, 아름다움

□ コンビニ   편의점

□ <ruby>近<rt>ちか</rt></ruby>い   〔い형〕가깝다

☐ 便利（べんり） 〔な형〕 편리함

☐ いい 〔い형〕 좋다

☐ 自炊（じすい） 자취

☐ 大変（たいへん） 〔な형〕 힘듦

☐ 大丈夫（だいじょうぶ） 〔な형〕 괜찮음

☐ お弁当（べんとう） 도시락

☐ おかげ 덕분

☐ さびしい 〔い형〕 쓸쓸하다, 외롭다

☐ ちょっと 좀

☐ 駅前（えきまえ） 역전

☐ にぎやか 〔な형〕 활기참, 북적거림

☐ 楽しい（たのしい） 〔い형〕 즐겁다

木村（きむら）　パクさん、新しい（あたらしい）家（いえ）は、どうですか。

パク　部屋（へや）が広くて（ひろくて）、きれいです。

それにコンビニも近くて（ちかくて）、とても便利（べんり）です。

木村（きむら）　それは、いいですね。

自炊（じすい）は、大変（たいへん）じゃないですか。

パク	だいじょうぶです。
	コンビニのお弁当[べんとう]のおかげです。
木村[きむら]	それは、良[よ]かったですね。
	一人[ひとり]でさびしくないですか。
パク	ちょっとさびしいですが、駅前[えきまえ]なので、にぎやかで楽[たの]しいです。

기무라 : 재원 씨 새로운 집은 어떠세요?
박재원 : 방이 넓고, 깨끗해요. 게다가 편의점도 가까워서 아주 편리해요.
기무라 : 그것은 좋네요. 자취는 힘들지 않으세요?
박재원 : 괜찮아요. 편의점 도시락 덕분이에요.
기무라 : 그건 다행이네요. 혼자서 외롭지 않으세요?
박재원 : 좀 외롭지만 역 앞이라 북적거려서 즐거워요.

문형 학습하기

문형 (い형용사)い + くて ～하고, ～해서

① 安[やす]くて、おいしいです。 싸고 맛있습니다.

② 小[ちい]さくて、かわいいです。 작고 귀엽습니다.

③ このかばんは大[おお]きくて、じょうぶです。 이 가방은 크고 튼튼합니다.

단어 じょうぶ〔な형〕 튼튼함

☑ '**て형**' 이란

형용사나 동사에 'て'를 붙이면 '～하고, ～해서'라는 뜻이 된다.

이 때 형용사나 동사 뒤에 바로 'て'를 붙일 수 없고, 형용사와 동사를 'て형'으로 만들어야 한다.

〔い형용사〕

近い → 駅が 近くて 便利です。 전철역이 가깝고 편리합니다.

〔な형용사〕

親切 → かれは、親切で やさしいです。 그는 친절하고 자상합니다.

〔동사〕

待つ(기다리다)

→ 待って。 기다려.

→ 待ってください。 기다려 주세요.

→ 待っています。 기다리고 있습니다.

→ 待ってみます。 기다려 봅니다.

→ 待ってから行きます。 기다리고 나서 가겠습니다.

이처럼 'て형'을 활용하면 다양한 문장을 만들 수 있게 된다.

☑ い형용사 て형 : (い형용사)い ＋くて ～하고, ～해서
い형용사의 て형('～하고, ～해서')는 어미'い'를 'く' 로 바꾸고, 'て'를 붙여 '～くて'라고 하면 된다.

• おいしい 맛있다　　　→ おいしいくて　→ おいしくて

• 楽しい 즐겁다　　　　→ 楽しいくて　　→ 楽しくて

• おもしろい 재미있다 → おもしろいくて → おもしろくて

> ### 문형 な형용사+で ~하고, ~해서
>
> ① 楽で便利です。 편하고 편리합니다.
>
> ② 私の先生は、**ハンサム**で、まじめな人です。
>
>   저의 선생님은 잘 생기고 착실한 사람입니다.
>
> 3 私は料理が**得意**で、買い物が好きです。 저는 요리를 잘하고, 쇼핑을 좋아합니다.
>
> **단어** 楽 〔な형〕 편함   ハンサム 핸섬, 잘 생김   まじめ 착실함, 성실함   料理 요리
>
>   得意 〔な형〕 잘함   買い物 쇼핑   好き 〔な형〕 좋아함

☑ な형용사 て형 : な형용사+で ~하고, ~해서

な형용사 て형은 な형용사에 'て'가 아닌 'で' 를 붙인다.

- 静か 조용하다 → 静かで

- きれい 깨끗하다 → きれいで

- 便利 편리하다 → 便利で

- 上手 능숙하다 → 上手で

정리하기

1) (い형용사)い +くて ~하고, ~해서

① 家は、**古**くて狭いです。 집은 낡고 좁습니다.

② **高**くてまずいお店です。 비싸고 맛없는 가게입니다.

③ **暑**くて大変な一日です。 덥고 힘든 하루입니다.

단어 古い 〔い형〕 오래되다   狭い 〔い형〕 좁다   高い 〔い형〕 비싸다

まずい〔い形〕 맛없다　　暑い〔い形〕 덥다　　一日 하루

2) な形容사＋で　～하고, ～해서

① **きれいで**有名な人です。 예쁘고 유명한 사람입니다.

② **まじめで**熱心な先生です。 착실하고 열심인 선생님입니다.

③ 電車が**便利で**速いです。 전철이 편리하고 빠릅니다.

단어 きれい〔な形〕 예쁨, 깨끗함, 아름다움　　有名〔な形〕 유명함　　まじめ〔な形〕 착실함

熱心〔な形〕 열심　　便利〔な形〕 편리함　　速い〔い形〕 빠르다

(오늘의 퀴즈 정답)────────────────────────────

➡ 田中さんは、親切で やさしいです。

(にほんごのポイント)

Q

'料理が得意です。 요리를 잘합니다.' '買い物が好きです。 쇼핑을 좋아합니다.'라고 할
때 'が' 대신 'を'를 쓰면 안 되나요?

A

한국어는 '～을 / 를'을 쓰지만 일본어는 'が'를 꼭 써야 합니다.

○ 料理が得意です。 요리를 잘합니다.

✕ 料理を得意です。

○ 買い物が好きです。

✕ 買い物を好きです。

〔'が'를 쓰는 な형용사〕

～が得意です。 ～을 잘 합니다.

～が苦手です。 ～을 잘 못합니다.

～が上手です。 ～을 잘 합니다. 능숙합니다.

～が下手です。 ～을 잘 못합니다. 미숙합니다.

～が好きです。 ～을 좋아합니다.

～が嫌いです。 ～을 싫어합니다.

예 私は辛い食べ物が苦手です。 저는 매운 음식을 잘 못합니다.(잘 못 먹습니다.)

예 私は辛い食べ物があまり好きじゃありません。
저는 매운 음식을 그다지 좋아하지 않습니다.

학습정리문제(H5P)

여행은 아주 즐거웠어요.

旅行はとても楽しかったです。

〈일본어 발음 교정〉 시리즈

YouTube

YouTube 영상을 보면서 발음 연습해 보세요!
꾸준한 반복 학습이야말로 언어 실력을 탄탄하게 만드는 지름길입니다.

1) ざずぜぞ
2) っ
3) 장음
4) 촉음(っ)
5) 발음(ん)

毎朝7時に起きます。

01 Clip

학습목표 / 학습내용 **동사의 종류**

1. 일본어 동사
2. 동사의 종류
3. 문형 동사 ます형＋ます ～입니다.

오늘의 퀴즈

'8시에 돌아가겠습니다.'는 일본어로 뭐라고 할까요?

>>>> 학습하기 ────────────○

단어 익히기

☐ 何時
　なんじ
몇시

☐ 飛行機
　ひこうき
비행기

☐ 出発する
　しゅっぱつ
〔동3〕 출발하다

☐ 早い
　はや
〔い형〕 일찍

☐ 成田空港
　なりた　くうこう
나리타 공항

☐ 着く	〔동1〕 도착하다
☐ 12時半	12시반
☐ ～ごろ	～쯤
☐ 分かる	〔동1〕 이해하다
☐ 分かりました	알겠습니다.
☐ くわしい	〔い형〕 자세하다, 상세하다
☐ 日程	일정
☐ メール	메일
☐ 送る	〔동1〕 보내다

오늘의 회화

山田　パクさん、明日は何時の飛行機ですか。

パク　朝10時の飛行機です。家を6時に出発します。

山田　早いですね。成田空港に何時に着きますか。

パク　12時半ごろです。

山田　そうですか。分かりました。

パク　くわしい日程をメールで送ります。

야마다 : 재원 씨 내일은 몇 시 비행기세요?

박재원 : 아침 10시 비행기요. 집을 6시에 출발할거예요.

야마다 : 일찍 가시네요. 나리타공항에 몇 시에 도착하세요?

박재원 : 12시 반쯤이요.

야마다 : 그렇군요. 알겠습니다.

박재원 : 자세한 일정을 메일로 보내드릴게요.

문형 학습하기

01

일본어 동사

① 手紙を書く。 편지를 쓰다.

② ジュースを飲む。 주스를 마시다.

③ 友達に会う。 친구를 만나다.

④ 田中さんを待つ。 다나카 씨를 기다리다.

⑤ 先生に話す。 선생님에게 이야기하다.

⑥ 子供と遊ぶ。 아이와 놀다.

⑦ 10時に寝る。 10시에 자다.

단어 手紙 편지   ジュース 주스   友達 친구   先生 선생님   子供 아이

동사 : 〔동1〕-1그룹동사, 〔동2〕-2그룹동사, 〔동3〕-3그룹동사

書く〔동1〕 쓰다   飲む〔동1〕 마시다   会う〔동1〕 만나다

待つ〔동1〕 기다리다   話す〔동1〕 이야기하다   遊ぶ〔동1〕 놀다

寝る〔동2〕 자다

☑ 일본어 동사

- 기본형이 「う단」으로 끝난다.

쓰다	かく	ka-k**u**
마시다	のむ	no-m**u**
만나다	あう	a-**u**
기다리다	まつ	ma-ts**u**
이야기하다	はなす	ha-na-s**u**
놀다	あそぶ	a-so-b**u**
자다	ねる	ne-r**u**

동사 활용

① 朝ご飯を食べる。 아침밥을 먹는다.

② 朝ご飯を食べます。 아침밥을 먹습니다.

③ 朝ご飯を食べた。　 아침밥을 먹었다.

④ 朝ご飯を食べています。 아침밥을 먹고 있습니다.

⑤ 朝ご飯を食べない。 아침밥을 먹지 않는다.

단어 朝ご飯 아침 식사　食べる〔동2〕먹다

☑ 동사 활용

「～ます」「～た」「～て」「～ない」 등에 접속할 때 형태가 변하는 것을 활용이라고 한다.

- 食べる (기본형) 먹다

- 食べ**ます** (정중형, ます형) 먹습니다

- 食^たべた （과거형, た형） 먹었다

- 食^たべて （て형） 먹고, 먹어서

- 食^たべない （부정형, ない형） 먹지 않다

☑ **동사의 종류**

일본어 동사는 모든 동사가 똑같이 활용되지 않고, 활용 형태에 따라 동사를 <u>세 가지</u>로 구분한다.

★1그룹

1) <u>「る」로 끝나지 않는 동사는 무조건 1그룹.</u>

（「う단」(う、く、す、つ、ぬ、ふ、む、ゆ)로 끝나는 동사)

- 会^あう 만나다   書^かく 쓰다   話^{はな}す 이야기하다
- 待^まつ 기다리다   遊^{あそ}ぶ 놀다   飲^のむ 마시다

2) 「る」로 끝나는 동사 중, <u>「る」 앞에 오는 모음이 「あ(a), う(u), お(o)」인 것.</u>

- 〔**a**〕 ： あ〔**a**〕る 있다   おわ〔w**a**〕る 끝나다
- 〔**u**〕 ： ふ〔f**u**〕る (비, 눈이)내리다   おく〔k**u**〕る 보내다
- 〔**o**〕 ： と〔t**o**〕る 잡다, (사진을) 찍다   もど〔d**o**〕る 되돌아가다

단어 ある 〔동1〕(물건이) 있다   終^おわる 〔동1〕 끝나다   降^ふる 〔동1〕 (비, 눈이) 내리다

送^{おく}る 〔동1〕 보내다   取^とる 〔동1〕 잡다   とる 〔동1〕 (사진을) 찍다

戻^{もど}る 〔동1〕 되돌아가다

〈예외!〉

「る」로 끝나고 「る」 앞에 오는 모음이 「い(i)、え(e)」임에도 예외로 <u>1그룹</u>으로 활용하는 동사.

<u>다음 8개 단어는 예외 동사로 외웁시다!</u>

〔1그룹 동사〕

① 切^きる 자르다

② 走^{はし}る 달리다

③ 知^しる 알다

④ 帰^{かえ}る 돌아가다

⑤ 入^{はい}る 들어가다

⑥ 減^へる 줄다

⑦ 要^いる 필요하다

⑧ ける （발로） 차다

★2그룹

「る」로 끝나는 동사 중, 「る」 앞에 오는 모음이 「い(i)、え(e)」인 동사.

- 〔i〕： み〔mi〕る 보다　　　い〔i〕る （사람이） 있다

　　　　起き〔ki〕る 일어나다　　借り〔ri〕る 빌리다

- 〔e〕： 食べ〔be〕る 먹다　　　寝〔ne〕る 자다

★3그룹(불규칙 동사)

- 3그룹 동사는 「する 하다」와 「くる 오다」 두 개 밖에 없다

- 활용 규칙이 없기 때문에, 활용할 때마다 형태를 따로 외워야 한다.

  ① する 하다

  - 勉強^{べんきょう}(を)する 공부(를) 하다

  - そうじ(を)する 청소(를) 하다

  - 料理^{りょうり}(を)する 요리(를) 하다

  ② 来^くる 오다

문형　동사 ます형＋ます ～합니다.

① 毎日、日記を書きます。 매일 일기를 씁니다.

② 何人いますか。 몇 명 있습니까?

③ いつも何時に寝ますか。 항상 몇시에 잡니까?

④ メールを送ります。 메일 보내겠습니다.

⑤ 何時ごろ来ますか。 몇 시쯤 옵니까?

⑥ 8時に帰ります。 8시에 돌아가겠습니다.

⑦ 今日は、かみを切ります。 오늘은 머리를 자릅니다.

단어 毎日 매일　日記 일기　何人 몇 명　いつも 항상　何時 몇 시

　　　～ごろ ~쯤　送る〔동1〕보내다　かみ 머리카락

☑ **동사 'ます형'이란**

　동사에 'ます'가 붙으면 정중한 표현이 된다. 이 때 동사는 형태를 바꿔야 하는데, 그 변한 형태를 'ます형'이라고 한다.

　ます형은 동사의 종류에 따라 만드는 법이 다르다.

☑ **ます형 만드는 법**

　★1그룹

　어미를 「い」단으로 바꾼 뒤 「ます」를 붙인다.

　　例 行く 가다 → 行き ます　갑니다

```
か き く け こ
    ↑
  「い」단
```

待つ 기다리다   →   待ちます 기다립니다

遊ぶ 놀다   →   遊びます 놉니다

話す 이야기하다   →   話します 이야기합니다

TIP 예외 동사 : 1그룹으로 활용하는 동사.

① 切る 자르다   →   切ります。 자릅니다.

② 走る 달리다   →   走ります。 달립니다.

③ 知る 알다   →   *知ります。 압니다.

④ 帰る 돌아가다   →   帰ります。 돌아갑니다.

⑤ 入る 들어가다   →   入ります。 들어갑니다.

⑥ 減る 줄다   →   減ります。 줄어듭니다.

⑦ 要る 필요하다   →   要ります。 필요합니다.

⑧ ける (발로) 차다   →   けります。 찹니다.

＊ 실제로 쓰일 때는 知っています라고 한다.

★2그룹

어미의 「る」를 떼고 「ます」를 붙인다.

예 起きる 일어나다 →起きる ＋ます → 起きます 일어납니다

食べる 먹다   →   食べます 먹습니다

見る 보다   →   見ます 봅니다

教える 가르치다   →   教えます 가르칩니다

★3그룹

1) する 하다 → します 합니다

勉強する 공부하다   →   勉強します 공부합니다

そうじする 청소하다   →   そうじします 청소합니다

2) 来る 오다 → 来ます 옵니다

TIP 「来る」와 같은 한자 '来'임에도 발음이 「来」로 바뀐다.

1) **1그룹으로 활용하는 예외동사**

① 切る 자르다 → 切ります。 자릅니다.

② 走る 달리다 → 走ります。 달립니다.

③ 知る 알다 → *知ります。 압니다.

④ 帰る 돌아가다 → 帰ります。 돌아갑니다.

⑤ 入る 들어가다 → 入ります。 들어갑니다.

⑥ 減る 줄다 → 減ります。 줄어듭니다.

⑦ 要る 필요하다 → 要ります。 필요합니다.

⑧ ける (발로) 차다 → けります。 찹니다.

2) **문형 동사 ます형＋ます ～합니다.**

① 学校に行きます。 학교에 갑니다.

② もう少し待ちます。 조금 더 기다립니다.

③ 家に帰ります。 집에 돌아갑니다.

④ 7時に起きます。 7시에 일어납니다.

⑤ ソウルを案内します。 서울을 안내합니다.

단어 案内する 〔동3〕 안내하다

⇒ 8時に**帰ります**。

にほんごのポイント

Q

知ります와 知っています는 어떻게 다른가요?

A

知る의 ます형은 知ります 이지만, 실제로 쓰일 때는 **知っています**（압니다. 알고 있습니다.）라고 합니다.

반대로 '모릅니다.'라고 할 대는 ✕ 知っていません이 아니라 ○ **知りません**라고 합니다.

A : 一年生の田中さんを知っていますか。 1학년의 다나카 씨를 알고 있어요?

B : はい、知っています。 네, 알아요.

B : いいえ、知りません。 아니요, 몰라요.

Clip 02

학습목표 / 학습내용 **동사 ます형 활용**

1. 문형 동사ます형＋ません ～하지 않습니다.
2. 권유 표현 : ～んですけど ～ませんか。～인데요, ～지 않을래요?
3. 문형 동사ます형＋に行く ～하러 가다.
4. 문형 동사ます형＋ましょう ～합시다.
5. 문형 동사ます형＋ましょうか ～할까요?

오늘의 퀴즈

'지금부터 점심을 먹으러 갈 건데요, 같이 가지 않을래요?'는 일본어로 뭐라고 할까요?

>>> 학습하기 ────────────────────────○

단어 익히기

☐ コーヒー	커피
☐ 香りがする	향이 나다
☐ 毎日	매일
☐ 飲む	〔동1〕 마시다

□ 近所 (きんじょ)	근처
□ コーヒーショップ	커피숍
□ 一緒に (いっしょに)	같이
□ 行く (いく)	〔동1〕가다
□ 土曜日 (どようび)	토요일
□ 会う (あう)	〔동1〕만나다
□ 駅 (えき)	역
□ 迎える (むかえる)	맞이하다, 마중하다
□ 迎えに行く (むかえにいく)	마중 나가다
□ 迎えに来る (むかえにくる)	마중 나오다

오늘의 회화

（사무실에서）

山田（やまだ）　コーヒーのいい香(かお)りがしますね。

パク　　　山田(やまだ)さんも一杯(いっぱい)、どうですか。

山田（やまだ）　ありがとうございます。パクさんは、コーヒーを毎日(まいにち)飲(の)みますか。

パク　　　いいえ。毎日(まいにち)は飲(の)みません。でも、コーヒーが大好(だいす)きです。

山田（やまだ）　そうですか。
　　　　近所(きんじょ)においしいコーヒーショップがあるんですけど、一緒(いっしょ)に行(い)きませんか。

パク	いいですね。行きましょう。
山田	じゃあ、土曜日はどうですか。
パク	いいですよ。何時に会いましょうか。
山田	3時ごろ、どうですか。
パク	3時ですね。分かりました。
山田	駅まで迎えに行きましょうか。
パク	はい、お願いします。

(사무실에서)
야마다 : 커피의 좋은 향이 나네요.
박재원 : 야마다 씨도 한잔 어떠세요?
야마다 : 고맙습니다. 재원 씨는 커피를 매일 마시세요?
박재원 : 아니요. 매일은 마시지 않아요. 하지만 커피는를 꽤 좋아해요.
야마다 : 그렇군요. 근처에 맛있는 커피숍이 있는데, 같이 가실래요?
박재원 : 좋아요. 갑시다.
야마다 : 그럼 토요일은 어떠세요?
박재원 : 괜찮아요. 몇시에 만날까요?
야마다 : 3시쯤 어떠세요?
박재원 : 3시군요. 알겠습니다.
야마다 : 역까지 데리러 갈까요?
박재원 : 네, 부탁드릴게요.

 문형 학습하기

01

> **문형 동사 ます형+ません ～하지 않습니다.**
>
> ① A : 週末は家にいますか。 주말은 집에 있습니까?
>
> B : いいえ、土曜日は家にいません。 아니요, 토요일은 집에 없습니다.

② A：毎日運転しますか。 매일 운전해요?

　 B：いいえ、毎日はしません。 아니요, 매일은 안 해요.

단어 週末 주말 　 いる〔동2〕 (사람이) 있다 　 運転する〔동3〕 운전하다

☑ 동사 ます형＋ません ～하지 않습니다.

- 待つ〔동1〕 기다리다 　→ 待ちます 기다립니다 　→ 待ちません 기다리지 않습니다

- 遊ぶ〔동1〕 놀다 　　　→ 遊びます 놉니다 　　→ 遊びません 놀지 않습니다

- 話す〔동1〕 이야기하다 → 話します 이야기합니다 → 話しません 이야기하지 않습니다

문형　동사 ます형＋に行く ～하러 가다.

① 友達と映画を観に行きます。 친구와 영화를 보러 갑니다.

② 一人で運動をしに行きます。 혼자서 운동을 하러 갑니다.

③ 図書館へ本を借りに行きます。 도서관에 책을 빌리러 갑니다.

단어 映画 영화 　 行く〔동1〕 가다 　 観る〔동2〕 보다 　 一人で 혼자서 　 運動 운동
する〔동3〕 하다 　 図書館 도서관 　 本 책 　 借りる〔동2〕 빌리다

☑ 동사 ます형＋に行く ～하러 가다

- 会う 　　　→ 会い＋ます 　　 → 会いに行く 만나러 가다

- 食べる 　 → 食べ＋ます 　　 → 食べに行く 먹으러 가다

- 勉強する → 勉強し＋ます 　 → 勉強しに行く 공부하러 가다

　 단어 勉強する〔동3〕 공부하다

03

문형　～んですけど～ませんか。～인데요, ～지 않을래요?

① 今からお昼を食べに行くんですけど、一緒に行きませんか。

지금부터 점심을 먹으러 갈 건데요, 같이 가지 않을래요?

② 映画のチケットが2枚あるんですけど、一緒に観に行きませんか。

영화 티켓이 두 장 있는데요, 같이 보러 가지 않을래요?

③ 今、地下鉄の駅にいるんですけど、10分後に学校の前で会いませんか。

지금 지하철 역에 있는데요, 10분 후에 학교 앞에서 만나지 않을래요?

단어　今 지금　～から ～부터　お昼 점심　行く〔동1〕가다　一緒に 같이

映画 영화　チケット 티켓　～枚 ～장　地下鉄 지하철　駅 전철역

～後 ～후　前 앞

☑ **권유 표현**

(동사 기본형) +んですけど、(동사 ます형)ませんか。　～인데요, ～지 않을래요?

• A : 今から田中さんと会うんですけど、一緒に行きませんか。

　　지금 다나카 씨와 만나는데요, 같이 가지 않을래요?

　B : いいですよ。좋아요.

• A : 今週末、海に遊びに行くんですけど、一緒に行きませんか。

　　이번 주말에 바다에 놀러 가는데요, 같이 가지 않을래요?

　B : いいですね。좋아요.

단어　今週末 이번 주말　海 바다

04

문형　동사 ます형+ ましょう ～합시다.

① みなさん、がんばりましょう。여러분 열심히 합시다.

② 少し**急ぎ**ましょう。 조금 서두릅시다.

③ ここで**休み**ましょう。 여기서 쉽시다.

단어 みなさん 여러분　　がんばる 〔동1〕 힘내다, 분발하다, 열심히 하다

急ぐ 〔동1〕 서두르다　　休む 〔동1〕 쉬다

☑ **동사 ます형 + ましょう ~합시다.**

待つ 〔동1〕 기다리다　→　待ちます 기다립니다　→　待ちましょう 기다립시다

遊ぶ 〔동1〕 놀다　→　遊びます 놉니다　→　遊びましょう 놉시다

話す 〔동1〕 이야기하다 →　話します 이야기합니다 →　話しましょう 이야기합시다

05

문형　동사 ます형 ＋ましょうか　~할까요?

① 窓を**開け**ましょうか。 창문을 열까요?

② 家まで迎えに**行き**ましょうか。 역까지 마중 나갈까요?

③ そろそろ**帰り**ましょうか。 슬슬 돌아갈까요?

단어 窓 창문　　開ける 〔동2〕 열다　　迎えに行く 〔동1〕 마중 나가다　　そろそろ 슬슬

帰る 〔동1〕 돌아가다

☑ **동사 ます형 ＋ましょうか ~할까요?**

• A : ちょっと**休み**ましょうか。 조금 쉴까요?

　B : そうですね。 그래요.

• A : コーヒーでも飲みに**行き**ましょうか。 커피라도 마시러 갈까요?

　B : いいですね。そうしましょう。 좋아요. 그렇게 합시다.

정리하기

1） **동사 ます형+ません** **～하지 않습니다.**

① 牛乳^{ぎゅうにゅう}は飲^のみません。 우유는 마시지 않습니다.

② たばこは吸^すいません。 담배는 피우지 않습니다.

③ 袋^{ふくろ}はいりません。 봉투는 필요하지 않습니다.

④ 誰^{だれ}もいません。 아무도 없습니다.

⑤ 会議^{かいぎ}に出席^{しゅっせき}しません。 회의에 출석하지 않습니다.

> **단어** 牛乳^{ぎゅうにゅう} 우유　たばこ 담배　吸^すう〔동1〕피우다　袋^{ふくろ} 봉투　誰^{だれ}も 아무도
> いる〔동2〕（사람이）있다　会議^{かいぎ} 회의　出席^{しゅっせき} 출석

2） **동사 ます형+に行^いく** **～하러 가다**

① くつを買^かいに行^いきます。 신발을 사러 갑니다.

② 家族^{かぞく}と夕食^{ゆうしょく}を食^たべに行^いきます。 가족과 저녁을 먹으러 갑니다.

③ 明日^{あした}は、映画^{えいが}を見^みに行^いきます。 내일은 영화를 보러 갑니다.

> **단어** くつ 신발　家族^{かぞく} 가족　夕食^{ゆうしょく} 저녁 식사

3） **권유 표현 : ～んですけど～ませんか。** **～인데요, ～지 않을래요?**

① 今^{いま}から運動^{うんどう}しに行^いくんですけど、一緒^{いっしょ}に運動^{うんどう}しませんか。
　지금 운동하러 가는데요, 같이 운동하지 않을래요?

② 明日^{あした}コンサートがあるんですけど、一緒^{いっしょ}に行^いきませんか。
　내일 콘서트가 있는데요, 같이 가지 않을래요?

③ 今から田中さんが来るんですけど、一緒に会いませんか。
지금 다나카 씨가 오는데요, 같이 만나지 않을래요?

단어 運動する〔동3〕운동하다　一緒に 같이　コンサート 콘서트

4）동사 ます형＋ ましょう ～합시다.

① そろそろ帰りましょう。슬슬 집에 갑시다.（돌아갑시다.）
② 次の駅で降りましょう。다음 역에서 내립시다.
③ 出発しましょう。출발합시다.

단어 そろそろ 슬슬　次 다음

5）동사 ます형 ＋ましょうか ～할까요?

① ちょっと歩きましょうか。좀 걸을까요?
② もう少し待ちましょうか。조금 더 기다릴까요?
③ 私が案内しましょうか。제가 안내할까요?

단어 ちょっと 좀　歩く〔동1〕걷다

（오늘의 퀴즈 정답）

⇒ 今からお昼を食べに行くんですけど、一緒に行きませんか。

にほんごのポイント

Q
映画を観るの「観る」は「見る」와 어떤 차이가 있나요?

見る와 観る는 엄밀히 말하면, 見る가 눈에 보이는 것을 단순히 보는 것, 観る는 의도적으로 보는 것을 의미합니다. 즉, 見る가 観る보다 넓은 의미를 가지고 있습니다. 그래서 일반적으로 둘 다 사용할 수 있습니다.

テレビを見る。 TV를 보다.
テレビを観る。
アニメを見る。 애니메이션을 보다.
アニメを観る。

영화나 스포츠 같은 것을 볼 경우에는 観る를 사용하는 것이 더 많습니다. 이유는 앞에서 설명했듯이 영화를 보기 위해서는 극장에 가거나, 스포츠를 보기 위해서 경기장에 가거나 하는 의도적으로 보기 위한 행동을 하는 뜻이 강하기 때문입니다.

이와 같이 観る에는 의도적이라는 뜻이 포함되어 있어서 映画を観る。가 좀 더 일반적으로 쓰이지만, 그렇다고 映画を見る。라고 해서 틀린 것은 아닙니다. 見る가 観る보다 넓은 의미를 가지고 있기 때문에 어느 쪽을 써야 할지 고민될 때는 見る를 사용하면 됩니다.

Clip 03

학습목표 / 학습내용　형용사의 동사 수식

1. 문형 い형용사い+く+동사
2. 문형 な형용사+に+동사

오늘의 퀴즈

'매일 아침 일찍 일어납니다.'는 일본어로 뭐라고 할까요?

>>>> 학습하기

단어 익히기

☐ 肉じゃが　　　　　　니쿠자가(일본식 고기감자조림)

☐ 作る　　　　　　　〔동1〕 만들다

☐ まず　　　　　　　우선

☐ じゃがいも　　　　　감자

☐ きれいに　　　　　　깨끗하게

☐ 洗う　　　　　　　〔동1〕 씻다

☐ では　　　　　　　　　　　　　　그럼

☐ お肉<ruby>肉<rt>にく</rt></ruby>　　　　　　　　　　고기

☐ 小<ruby>小<rt>ちい</rt></ruby>さく　　　　　　　　　작게

☐ 切<ruby>切<rt>き</rt></ruby>る　　　　　　　　　〔동1〕자르다

☐ もう少<ruby>少<rt>すこ</rt></ruby>し　　　　　　　조금 더

☐ 細<ruby>細<rt>こま</rt></ruby>かく　　　　　　　　잘게

☐ 次<ruby>次<rt>つぎ</rt></ruby>に　　　　　　　　　다음에

☐ 軽<ruby>軽<rt>かる</rt></ruby>く　　　　　　　　　가볍게

☐ 炒<ruby>炒<rt>いた</rt></ruby>める　　　　　　　　〔동2〕볶다

☐ 感<ruby>感<rt>かん</rt></ruby>じ　　　　　　　　　느낌

☐ 最後<ruby>最後<rt>さいご</rt></ruby>に　　　　　　　마지막으로

☐ しょうゆ　　　　　　　　간장

☐ みりん　　　　　　　　　미림

☐ だし　　　　　　　　　　육수

☐ 入<ruby>入<rt>い</rt></ruby>れる　　　　　　　　〔동2〕넣다

☐ 香<ruby>香<rt>かお</rt></ruby>り　　　　　　　　　향

☐ 完成<ruby>完成<rt>かんせい</rt></ruby>　　　　　　　　완성

☐ お皿<ruby>皿<rt>さら</rt></ruby>　　　　　　　　　접시

☐ 盛<ruby>盛<rt>も</rt></ruby>る　　　　　　　　　〔동1〕담다

（주방에서）

山田	では、今日は肉じゃがを作りましょう。
パク	はい。よろしくお願いします。
山田	まず、じゃがいもをきれいに洗います。
パク	はい。
山田	では、じゃがいもとお肉を小さく切りましょう。
パク	はい。これでいいですか。
山田	もう少し細かく切りましょう。
パク	はい。
山田	次に、じゃがいもとお肉を軽く炒めます。
パク	はい。こんな感じでいいですか。
山田	はい。いいですね。
	では最後に、しょうゆとみりんとだしを入れます。
パク	いい香りがしますね。
山田	はい、完成です。お皿に盛りましょう。

야마다 : 그럼 오늘은 니쿠자가를 만듭시다.
박재원 : 네, 잘 부탁드립니다.
야마다 : 우선 감자를 깨끗하게 씻습니다.
박재원 : 네.
야마다 : 그럼 감자와 고기를 작게 자릅시다.
박재원 : 네, 이걸로 될까요?

야마다 : 조금 더 잘게 썰어요.

박재원 : 네.

야마다 : 다음에 감자와 고기를 가볍게 볶습니다.

박재원 : 네, 이정도면 될까요?

야마다 : 네, 좋아요.

　　　　 그럼 마지막으로 간장과 미림, 육수를 넣습니다.

박재원 : 좋은 향이 나네요.

야마다 : 네, 완성입니다. 접시에 담아봅시다.

문형 학습하기

01

문형　い형용사い＋く＋동사 ～하게

① 毎日楽しく過ごす。매일 즐겁게 보내다.

② 部屋を暗くする。방을 어둡게 하다.

③ もう少し濃くしましょうか。조금 더 진하게 할까요?

④ 毎朝早く起きます。매일 아침 일찍 일어납니다.

⑤ 字は正しく書きましょう。글은 올바르게 씁시다.

> **단어** 楽しい 〔い형〕 즐겁다　暗い 〔い형〕 어둡다　濃い 〔い형〕 진하다
>
> 早い 〔い형〕 (시간이)빠르다　正しい 〔い형〕 올바르다
>
> 過ごす 〔동1〕 지내다, 보내다　毎朝 매일 아침　起きる 〔동2〕 일어나다　字 글

☑ い형용사의 동사 수식 : い형용사い＋く＋동사

- おもしろい 재미있다 → おもしろく 재미있게

- 大きい 크다 → 大きく 크게

- 広い 넓다 → 広く 넓게

문형　な형용사＋に＋동사 ～하게

① ていねいに包む。꼼꼼히 포장하다.

② 熱心に教える。열심히 가르치다.

③ 十分に寝る。충분히 자다.

④ きれいにそうじしましょう。깨끗이 청소합시다.

⑤ 元気にあいさつしましょう。힘차게 인사합시다.

⑥ これからまじめに勉強します。앞으로 성실하게 공부합니다.

단어 ていねい 〔な형〕꼼꼼하다, 정중하다　熱心 〔な형〕열심하다　十分 〔な형〕충분하다

きれい 〔な형〕깨끗하다, 아름답다, 예쁘다　元気 〔な형〕힘차다, 건강하다

まじめ 〔な형〕성실하다

☑ な형용사의 동사 수식 : な형용사＋に＋동사

- 大切 소중하다　→　大切に 소중히
- 簡単 간단하다　→　簡単に 간단하게
- 静か 조용하다　→　静かに 조용히

정리하기

1) い형용사い＋く＋동사 ～하게

① もう少し辛くしましょうか。조금 더 맵게 할까요?

② 早く行きましょう。빨리 갑시다.

③ じゃがいもとお肉を小さく切ります。감자와 고기를 작게 자릅니다.

④ もう少し**細かく**切りましょう。 조금 더 잘게 자릅시다.

단어 辛い〔い형〕맵다 細かい〔い형〕잘다

2）な형용사＋に＋동사　～하게

① **静か**にしましょう。 조용히 합시다.

② お水を**大切**に使いましょう。 물을 소중히 사용합시다.

③ 交通が**便利**になります。 교통이 편리해집니다.

단어 お水 물 使う〔동1〕사용하다 なる〔동1〕되다

➡ 毎朝**早く**起きます。

にほんごのポイント

Q

'식물이 있다'고 할 때는 「いる」라고 하나요, 「ある」라고 하나요?

A

식물은 「ある」입니다. 사람이나 동물 같이 살아서 움직이는 것은 「いる」, 그 외는 「ある」라고 합니다.

「いる」와 「ある」의 활용은 다음과 같습니다.

사람	
いる 있다	いない 없다
います 있습니다	いません 없습니다

물건	
ある 있다	ない 없다
あります 있습니다	ありません 없습니다

학습정리문제(H5P)

영화 티켓이 두 장 있는데요, 같이 보러 가지 않을래요?

映画のチケットが2枚あるんですけど、一緒に観に行きませんか。

納豆を食べたことがありますか。

단어 納豆 낫토(삶은 콩을 발효시켜 만든 일본 전통음식)

01

Clip

1. 문형 동사ます형＋ました ～했습니다.
2. 문형 동사ます형＋ませんでした ～하지 않았습니다.
3. 문형 동사た형＋たことがあります ～한 적이 있습니다.
4. 문형 명사＋でした ～이었습니다
5. 문형 명사＋じゃありませんでした ～이/가 아니었습니다.

오늘의 퀴즈

'일본에 간 적이 있습니까?'는 일본어로 뭐라고 할까요?

>>>> 학습하기 ────────────────────────○

단어 익히기

☐ 駅前（えきまえ）   역 앞

☐ お店（みせ）   가게

☐ 納豆（なっとう）   낫토

☐ 料理（りょうり）   요리

□ めずらしい 〔い형〕 신기하다, 드물다

□ 色々〔な형〕 여러 가지

□ 初めて 처음

□ におい 냄새

□ 気になる 신경 쓰이다

□ 大丈夫 〔な형〕 괜찮음

오늘의 회화

田中 駅前に新しいお店ができましたよ。

キム 知りませんでした。何のお店ですか。

田中 納豆料理のお店です。

キム 納豆料理ですか?めずらしいですね。

田中 色々な納豆料理がありましたよ。

キム へー、そうですか。

田中 キムさんは納豆を食べたことがありますか。

キム はい。昨日、初めて食べました。

田中 あ、そうですか。味はどうでしたか。

キム とてもおいしかったです。

田中 においは気になりませんでしたか。

キム はい、大丈夫でした。

다나카 : 역앞에 새로운 가게가 생겼네요.

김민지 : 몰랐어요. 무슨 가게에요?

다나카 : 낫토요리점이요.

김민지 : 낫토 요리요? 신기하네요.

다나카 : 여러 가지 낫토 요리가 있었어요.

김민지 : 그렇군요.

다나카 : 민지 씨는 낫토를 드셔본 적 있으세요?

김민지 : 네, 어제 처음 먹어봤어요.

다나카 : 아, 그러시군요. 맛은 어떠셨어요?

김민지 : 정말 맛있었어요.

다나카 : 냄새는 신경 쓰이지 않으셨어요?

김민지 : 네, 괜찮았어요.

문형 학습하기

문형　동사 ます형+ました　～했습니다.

① 学校に行きました。 학교에 갔습니다.

② 早く起きました。 일찍 일어났습니다.

③ 田中さんが来ました。 다나카 씨가 왔습니다.

④ 参加しました。 참석했습니다.

단어 行く〔동1〕가다　起きる〔동2〕일어나다　来る〔동3〕오다

参加する〔동3〕참석하다

☑ **동사 과거형 : 동사 ます형+ました ～했습니다.**

★1그룹

• 待つ 기다리다　→　待ちました 기다렸습니다

- 遊ぶ 놀다　　　→　遊びました 놀았습니다
- 話す 이야기하다 → 話しました 이야기했습니다

★2그룹

- 食べる 먹다　　→　食べました 먹었습니다
- 見る 보다　　　→　見ました 봤습니다
- 教える 가르치다 → 教えました 가르쳤습니다

★3그룹

1) する 하다 → しました 했습니다

- 勉強する 공부하다　→　勉強しました 공부했습니다
- そうじする 청소하다 → そうじしました 청소했습니다

2) 来る 오다 → 来ました 옵니다

02

문형　동사 ます형＋ませんでした　～하지 않았습니다.

① 買いませんでした。 사지 않았습니다.

② 集まりに参加しませんでした。 모임에 참석하지 않았습니다.

③ A : 薬を飲みましたか。 약을 먹었습니까?

　 B : いいえ、飲みませんでした。 아니요, 먹지 않았습니다.

④ A : 昨日、田中さんに会いませんでしたか。 어제 다나카 씨를 만나지 않았습니까?

　 B : いいえ、会いませんでした。 아니요, 만나지 않았습니다.

단어 買う〔동1〕 사다   集まり 모임   参加する〔동3〕 참석하다   薬 약

飲む〔동1〕 마시다

薬を飲む 약을 먹다(일본어는 '약을 마시다'라고 하고 '✕薬を食べる'라고 하지 않는다.)

会う〔동1〕 만나다

☑ 동사 과거 부정형 : 동사 ます형 + ませんでした ~하지 않았습니다.

★1그룹

- 待つ 기다리다   → 待ちませんでした 기다리지 않았습니다
- 遊ぶ 놀다   → 遊びませんでした 놀지 않았습니다
- 話す 이야기하다   → 話しませんでした 이야기하지 않았습니다

★2그룹

- 食べる 먹다   → 食べませんでした 먹지 않았습니다
- 見る 보다   → 見ませんでした 보지 않았습니다
- 教える 가르치다   → 教えませんでした 가르치지 않았습니다

★3그룹

1) する 하다 → しませんでした   하지 않았습니다

- 勉強する 공부하다   → 勉強しませんでした 공부하지 않았습니다
- そうじする 청소하다   → そうじしませんでした 청소하지 않았습니다

2) 来る 오다 → 来ませんでした 오지 않았습니다

문형   동사 た형＋たことがあります   ～한 적이 있습니다.

① A : 日本に行ったことがありますか。 일본에 간 적이 있습니까?

　　B : いいえ、ありません。 아니요, 없습니다.

② A : 着物を着たことがありますか。 기모노를 입은 적이 있습니까?

　　B : はい、あります。 네, 있습니다.

③ コアラを見たことがあります。 코알라를 본 적이 있습니다.

④ テニスをしたことがあります。 테니스를 한 적이 있습니다.

단어 着物 기모노　コアラ 코알라　テニスをする 테니스를 치다

☑ 동사 た형(과거형) 만드는 법

★1그룹

① 어미가 「く」인 동사 : 「く」를 「い」로 바꾸고 「た」를 붙인다.

　　예 書く → 書いた

「ぐ」는 「い」로 바꾸고 「だ」를 붙인다.

　　예 泳ぐ → 泳いだ

* 예외 「行く」는 어미가 「く」이지만, 「×行いた」가 아니라 「行った」라고 한다.

行く → 行った

- 働く 일하다　　→ 働いた 일했다
- 聞く 듣다　　　→ 聞いた 들었다
- 急ぐ 서두르다 → 急いだ 서둘렀다

② 어미가 「む」「ぶ」「ぬ」인 동사 : 어미「む」「ぶ」「ぬ」를 「ん」로 바꾸고 「だ」를 붙인다.

　　　[예] 休<ruby>休<rt>やす</rt></ruby>む → 休<ruby>休<rt>やす</rt></ruby>んだ

- 飲<ruby>飲<rt>の</rt></ruby>む 마시다 　→ 飲<ruby>飲<rt>の</rt></ruby>んだ 마셨다
- 遊<ruby>遊<rt>あそ</rt></ruby>ぶ 놀다 　　→ 遊<ruby>遊<rt>あそ</rt></ruby>んだ 놀았다
- 死<ruby>死<rt>し</rt></ruby>ぬ 죽다 　　→ 死<ruby>死<rt>し</rt></ruby>んだ 죽었다

③ 어미가 「う」「つ」「る」인 동사 : 어미 「う」「つ」「る」를 「っ」으로 바꾸고 「た」를 붙인다.

　　　[예] 帰<ruby>帰<rt>かえ</rt></ruby>る → 帰<ruby>帰<rt>かえ</rt></ruby>った

- 買<ruby>買<rt>か</rt></ruby>う 사다 　　 → 買<ruby>買<rt>か</rt></ruby>った 샀다
- 待<ruby>待<rt>ま</rt></ruby>つ 기다리다 → 待<ruby>待<rt>ま</rt></ruby>った 기다렸다
- 入<ruby>入<rt>はい</rt></ruby>る 들어가다 → 入<ruby>入<rt>はい</rt></ruby>った 들어갔다

④ 어미가 「す」인 동사 : 어미 「す」를 「し」로 바꾸고 「た」를 붙인다.

　　　[예] 話<ruby>話<rt>はな</rt></ruby>す → 話<ruby>話<rt>はな</rt></ruby>した

- 貸<ruby>貸<rt>か</rt></ruby>す 빌려주다 → 貸<ruby>貸<rt>か</rt></ruby>した 빌려줬다
- 出<ruby>出<rt>だ</rt></ruby>す 내다 　　→ 出<ruby>出<rt>だ</rt></ruby>した 냈다
- 消<ruby>消<rt>け</rt></ruby>す 끄다 　　→ 消<ruby>消<rt>け</rt></ruby>した 　껐다

★2그룹

어미의 「る」를 떼고 「た」를 붙인다.

　　　[예] 食<ruby>食<rt>た</rt></ruby>べる +た → 食<ruby>食<rt>た</rt></ruby>べた

- 起<ruby>起<rt>お</rt></ruby>きる 일어나다 　→ 起<ruby>起<rt>お</rt></ruby>きた 일어났다

- 見る 보다　　　→ 見た 봤다
- 教える 가르치다　→ 教えた 가르쳤다

★3그룹

① する 하다 → した 했다

- 勉強する 공부하다　→ 勉強した 공부했다
- そうじする 청소하다　→ そうじした 청소했다
- 案内する 안내하다　→ 案内した 안내했다

② 来る 오다 → 来(き)た 왔다

TIP 동사た형 = 동사て형

た형 만드는 법은 て형 만드는 법과 똑같다. た형 만드는 법을 알고 있으면 て형도 만들 수 있다.

		어미	た형	て형
1 그 룹	①	~く	書く → 書いた **예외** 行く → 行った	書いて 行って
		~ぐ	泳ぐ → 泳いだ	泳いで
	②	~む ~ぶ ~ぬ	休む → 休んだ 遊ぶ → 遊んだ 死ぬ → 死んだ	休んで 遊んで 死んで
	③	~う ~つ ~る	買う → 買った 待つ → 待った 入る → 入った	買って 待って 入って
	④	~す	話す → 話した	話して

2그룹	食べる + た → 食べた	食べて
3그룹	する 하다 → した	して
	来る 오다 → 来(き)た	来(き)て

☑ **동사 た형＋たことがあります ~한 적이 있습니다.**

① A : 富士山に登ったことがありますか。 후지산에 올라간 적이 있습니까?

　　B : はい、あります。2年前に登りました。 네, 있습니다. 2년 전에 올라갔습니다.

② A : すき焼きを食べたことがありますか。 스키야키를 먹은 적이 있습니까?

　　B : はい、あります。東京で食べました。 네, 있습니다. 도쿄에서 먹었습니다.

③ A : パソコンが故障したことがありますか。 PC가 고장 난 적이 있습니까?

　　B : いいえ、ありません。今回が初めてです。 아니요, 없습니다. 이번이 처음입니다.

단어 富士山 후지산　登る〔동1〕올라가다　すき焼き 스키야키　故障する〔동3〕고장나다
　　　今回 이번　初めて 처음

┌───
문형　명사＋でした　~이었습니다.
　　　　명사＋じゃありませんでした　~이/가 아니었습니다.

① 昨日は父の日でした。 어제는 '아버지의 날'이었습니다.

② 夢じゃありませんでした 。 꿈이 아니었습니다.

③ A : 集まりは明日じゃありませんでしたか。 모임은 내일이 아니었습니까?

　　B : 集まりは今日です。明日じゃありませんよ。 모임은 오늘입니다. 내일이 아닌데요.

단어 父の日 아버지의 날　夢 꿈　集まり 모임
└───

☑ 명사 과거형 : 명사＋でした

　명사 과거 부정형 : 명사＋じゃありませんでした

명사 과거/부정형 「～이 아니었습니다.」는 회화에서는 「～じゃありませんでした（じゃ なかったです）」라고 한다. 문어체로는 「じゃ」를 「では」로 바꾸고, 「ではありませんでした（ではなかったです）」라고 한다.

비과거형 (＊N＝명사)	Nです　N입니다.	Nじゃありません　N이 아닙니다. （Nじゃないです　）
과거형	Nでした　N이었습니다.	Nじゃありませんでした　N이 아니었습니다. （Nじゃなかったです）

- 学生^{がくせい}です。 학생입니다.
- 学生^{がくせい}じゃありません。 학생이 아닙니다.
- 学生^{がくせい}でした。 학생이었습니다.
- 学生^{がくせい}じゃありませんでした。 학생이 아니었습니다.

정리하기

1) 동사 ます형＋ました ～했습니다

① 友達^{ともだち}に会^あいました。 친구를 만났습니다.

② かぜをひきました。 감기를 걸렸습니다.

③ 週末^{しゅうまつ}は何^{なに}をしましたか。 주말은 무엇을 했습니까?

단어 友達^{ともだち}に会^あう 친구를 만나다　かぜをひく 감기를 걸리다

2) 동사 ます형＋ませんでした ～하지 않았습니다

① 薬^{くすり}は飲^のみませんでした。 약은 먹지 않았습니다.

② 漢字^{かんじ}を覚^{おぼ}えませんでした。 한자를 외우지 않았습니다.

③ 田中さんは来ませんでしたか。다나카 씨는 오지 않았습니까?

단어 漢字 한자　覚える〔동2〕외우다

3）동사 た형＋たことがあります　~한 적이 있습니다

① 東京に行ったことがあります。도쿄에 간 적이 있습니다.
② 納豆を食べたことがありますか。낫토를 먹은 적이 있습니까?
③ 日本のドラマを見たことがありますか。일본 드라마를 본 적이 있습니까?

단어 納豆 낫토(삶은 콩을 발효시켜 만든 일본 전통음식)

4）명사＋でした　~이었습니다

① 楽しい旅行でした。즐거운 여행이었습니다.
② 昨日は私の誕生日でした。어제는 나의 생일이었습니다.
③ どんな人でしたか。어떤 사람이었습니까?

단어 誕生日 생일　どんな 어떤~

5）명사＋じゃありませんでした　~이/가 아니었습니다

① 集まりは今日じゃありませんでした。모임은 오늘이 아니었습니다.
② 私のじゃありませんでした。나의 것이 아니었습니다.
③ 今日は休みじゃありませんでしたか。오늘은 쉬는 날이 아니었습니까?

단어 休み 쉬는 날

───────────────────────────

（ 오늘의 퀴즈 정답 ）────────────────────────────

⇒ 日本に行ったことがありますか。

Clip 02

학습목표 / 학습내용　동사 た형 활용, ～んです

1. 문형 동사 た형＋た方がいいですよ　～하는 편이 좋습니다. (조언, 충고)
2. 문형 동사 た형＋たり、～たり　～하거나～하거나, ～하다가～하다가
3. 문형 보통형＋んです　～하거든요. ～하더라구요. (강조, 이유)
4. な형용사/명사＋なんです

오늘의 퀴즈

'영화를 보거나 골프를 치곤 했어요.'는 일본어로 뭐라고 할까요?

>>>> 학습하기

단어 익히기

☐ 週末 　　　　　　　주말

☐ どこか 　　　　　　어딘가

☐ ずっと 　　　　　　계속

☐ 会社 　　　　　　　회사

☐ 休む	〔동1〕 쉬다
☐ 方	편, 쪽
☐ 家	집
☐ そうじ	청소
☐ ジム	헬스장
☐ 来週末	다음 주말
☐ 一緒に	같이
☐ テニスをする	테니스를 치다
☐ ゴルフをする	골프를 치다
☐ たまに	가끔
☐ 体	몸
☐ 動かす	〔동1〕 움직이다
☐ 実は	실은
☐ 運動	운동
☐ 好き	〔な형〕 좋아함

오늘의 회화

田中　週末、どこかへ行きましたか。

キム　いいえ、ずっと会社にいました。

田中	そうですか。ちょっと休んだ方がいいですよ。
キム	そうですね。田中さんは週末、何をしたんですか。
田中	家のそうじをしたり、ジムに行ったりしました。
キム	そうですか。
田中	来週末、一緒にテニスでもしませんか。
キム	テニスは、ちょっと。
田中	じゃ、ゴルフはどうですか。たまには体を動かした方がいいですよ。
キム	実は、あまり運動が好きじゃないんです。

다나카 : 주말에 어디 다녀오셨나요?
김민지 : 아니요, 계속 회사에 있었어요.
다나카 : 그러시군요. 좀 쉬시는 게 좋을 것 같네요.
김민지 : 그래야겠어요. 다나카 씨는 주말에 무엇을 했나요?
다나카 : 집 청소를 하거나, 헬스클럽에 가거나 했어요.
김민지 : 그러셨군요.
다나카 : 다음 주말에 같이 테니스라도 치실래요?
김민지 : 테니스는 좀..
다나카 : 그럼, 골프는 어떠세요? 가끔은 몸을 움직이는 게 좋아요.
김민지 : 사실은 별로 운동을 안 좋아하거든요.

01

문형 동사 た형+た方がいいですよ ~하는 편이 좋습니다. (조언, 충고)

① たばこは、やめた方がいいですよ。 담배는 끊는 편이 좋아요.
② お水は、たくさん飲んだ方がいいですよ。 물은 많이 마시는 편이 좋아요.

단어 たばこ 담배 やめる〔동2〕끊다, 그만하다 お水 물 たくさん 많이

飲む〔동1〕마시다

☑ 동사 た형+た方がいいですよ ~하는 편이 좋습니다.

상대에게 충고나 조언을 하는 표현으로, 문장 끝에 지적을 나타내는 「よ」를 붙여서 쓰는 경우가 많다.

• 親に話した方がいいですよ。 부모님께 이야기하는 편이 좋아요.
• 体を動かした方がいいですよ。 몸을 움직이는 편이 좋아요.

단어 親 부모님(＝両親) 体 몸 動かす〔동1〕움직이다

02

문형 た형+たり、~たり ~하거나 ~하거나, ~하다가 ~하다가

① A : 日本で何をしましたか。 일본에서 무엇을 했어요?

B : おすしを食べたり、お寺に行ったりしました。 초밥을 먹거나, 절에 가곤 했어요.

② A：日曜日は何をしましたか。 일요일은 무엇을 했어요?

B：映画を観たり、ゴルフをしたりしました。　영화를 보거나 골프를 치곤 했어요.

단어 お寺 절　毎日 매일

☑ た형＋たり、～たり ～하거나 ～하거나, ～하다가 ～하다가

몇 개의 사건 중에서 2,3개를 열거할 때 사용한다.

- 今週末は、そうじをしたり、買い物をしたり、ドラマを見たりしました。
  이번 주말은 청소를 하거나, 쇼핑을 하거나, 드라마를 보곤 했습니다.

- 日本を行ったり来たりしました。 일본을 왔다 갔다 했습니다.

- 雨が降ったり止んだりします。 비가 내렸다 그쳤다 합니다.

- ねこが出たり入ったりします。 고양이가 들어왔다 나갔다 합니다.

단어 買い物 쇼핑　ドラマ 드라마　行ったり来たり 왔다갔다　降る〔동1〕내리다

止む〔동1〕그치다

TIP 「～たり、～たりです。」는 한 묶음의 내용을 제시, 주장하는 역할을 한다.

- A：毎日、運動はしますか。 매일 운동은 해요?

  B：やったり、やらなかったりです。 하다 안 하다 해요.

  (やったり、やらなかったりします。)

- A：毎日、朝ごはんを食べますか。 매일 아침을 먹나요?

  B：食べたり食べなかったりです。 먹다 안 먹다 해요.

  (食べたり食べなかったりします。)

단어 運動 운동　やる〔동1〕하다('する'와 같은 뜻)

☑ 형용사 + たり、〜たり 〜하거나 〜하거나

형용사의 과거형（보통형）

	긍정	부정
い형용사	い형용사い ＋ かった	い형용사い ＋ くなかった
おもしろい 재미있다	おもしろかった 재미있었다	おもしろくなかった 재미있지 않았다
な형용사	な형용사 ＋ だった	な형용사 ＋ じゃなかった
しずか 조용하다	しずかだった 조용했다	しずかじゃなかった 조용하지 않았다

• い형용사

大きい ヨ다	大きかった 컸다	大きくなかった 크지 않았다
小さい 작다	小さかった 작았다	小さくなかった 작지 않았다
暑い 덥다	暑かった 더웠다	暑くなかった 덥지 않았다
寒い 춥다	寒かった 추웠다	寒くなかった 춥지 않았다

• な형용사

きれい 깨끗하다	きれいだった 깨끗했다	きれいじゃなかった 깨끗하지 않았다
便利 편리하다	便利だった 편리했다	便利じゃなかった 편리하지 않았다
好き 좋아하다	好きだった 좋아했다	好きじゃなかった 좋아하지 않았다
上手 잘하다	上手だった 잘했다	上手じゃなかった 잘하지 않았다

- ここは夏でも暑かったり寒かったりします。 여기는 여름에도 더웠다 추웠다 합니다.
- 日によって忙しかったり、ひまだったりします。 날에 따라 바빴다 한가했다 합니다.
- チケットは時期によって高かったり、安かったりします。
  티켓은 시기에 따라 비쌌다 저렴했다 합니다.

단어 夏 여름　日 날　〜によって 〜에 따라　時期 시기

문형 보통형＋んです ～하거든요.

**　　な형용사 / 명사＋なんです**

① 今日はゆっくり過ごします。仕事が休みなんです。

　오늘은 느긋하게 보냅니다. 일을 쉬거든요. 일이 쉬는 날이거든요.

② A：またラーメンですか。또 라면이에요?

　B：ラーメンが好きなんです。라면을 좋아해서요.

③ A：どうしたんですか。무슨 일이에요?

　B：頭が痛いんです。머리가 아파서요.

④ A：コーヒーは、どうですか。커피는 어때요?

　B：コーヒーは、ちょっと。さっき飲んだんです。커피는 좀. 방금 마셨거든요.

☑ **이유, 강조 표현 : 보통형＋んです ～하거든요.**

**　　な형용사/명사＋なんです**

「～んです」는 자신의 행동이나 말에 대해 **이유**를 설명하거나, **강조**할 때 사용한다.

• 동사 보통형＋んです

　行くんです。

　行かないんです。

　行ったんです。

　行かなかったんです。

• い형용사 보통형＋んです

　忙しいんです。

　忙しくないんです。

　忙しかったんです。

　忙しくなかったんです。

- な형용사 보통형＋んです

  便利<ruby>な<rt>べんり</rt></ruby>んです。（＊な형용사＋なんです）

  便利<ruby><rt>べんり</rt></ruby>じゃないんです。

  便利<ruby><rt>べんり</rt></ruby>だったんです。

  便利<ruby><rt>べんり</rt></ruby>じゃなかったんです。

- 명사 보통형＋んです

  誕生日<ruby><rt>たんじょうび</rt></ruby>なんです。（＊명사＋なんです）

  誕生日<ruby><rt>たんじょうび</rt></ruby>じゃないんです。

  誕生日<ruby><rt>たんじょうび</rt></ruby>だったんです。

  誕生日<ruby><rt>たんじょうび</rt></ruby>じゃなかったんです。

정리하기

1) 동사 た형＋た<ruby>方<rt>ほう</rt></ruby>がいいですよ　～하는 편이 좋습니다.

① お<ruby>医者<rt>いしゃ</rt></ruby>さんに<ruby>聞<rt>き</rt></ruby>いた<ruby>方<rt>ほう</rt></ruby>がいいですよ。의사에게 묻는 편이 좋아요.

② しっかり<ruby>食<rt>た</rt></ruby>べた<ruby>方<rt>ほう</rt></ruby>がいいですよ。튼튼히 먹는 편이 좋아요.

③ もう少し<ruby>待<rt>ま</rt></ruby>った<ruby>方<rt>ほう</rt></ruby>がいいですよ。좀 더 기다리는 편이 좋아요.

단어 お<ruby>医者<rt>いしゃ</rt></ruby>さん 의사　しっかり 제대로, 튼튼히

2) 동사 た형＋たり、～たり　～하거나 ～하거나 （～하다가 ～하다가）

① <ruby>泣<rt>な</rt></ruby>いたり、<ruby>笑<rt>わら</rt></ruby>ったりしました。울다가 웃다가 했습니다.

② <ruby>海<rt>うみ</rt></ruby>で<ruby>泳<rt>およ</rt></ruby>いだり、<ruby>本<rt>ほん</rt></ruby>を<ruby>読<rt>よ</rt></ruby>んだりしました。바다에서 수영하거나 책을 읽거나 했습니다.

③ <ruby>開<rt>あ</rt></ruby>けたり、<ruby>閉<rt>し</rt></ruby>めたりしない<ruby>方<rt>ほう</rt></ruby>がいいですよ。열었다 닫았다 하지 않는 편이 좋아요.

단어 泣く〔동1〕울다　笑う〔동1〕웃다

3) 보통형＋んです　～하거든요

な형용사／명사＋なんです

① ちょっと調子が**悪いんです**。좀 상태가 안 좋거든요.(나쁘거든요.)

② 来月から日本に**行くんです**。다음 달부터 일본에 가거든요.

③ 今ちょっと**大変なんです**。지금 좀 힘들거든요.

단어 調子が悪い 상태가 나쁘다, 컨디션이 안 좋다

（오늘의 퀴즈 정답）

⇒ 映画を**観**たり、ゴルフをしたりしました。

にほんごのポイント

Q

「日本を行ったり来たりしました。」(일본을 왔다 갔다 했습니다.)에서 꼭 조사 「を」를 써야 하나요? 「に」를 쓰면 안되요?

A

조사 「を」를 써야 합니다.

「日本を行ったり来たりします。」는 「(ソウルと)日本を行ったり来たりします。」와 같이 「～と～を行ったり来たりする。」의 「～と」 부분이 생략이 되어 있는 표현입니다.

한편,

日本(に／へ)行ったり、アメリカ(に／へ)行ったりします。와 같이 「～たり～たり」 문장에서는 「に／へ」를 써야 합니다.

Clip 03

학습목표 / 학습내용   동사 ない형

1. 문형 동사ない형+ない方がいいですよ ～하지 않는 편이 좋습니다.〔조언, 충고〕
2. 문형 동사ない형+なければなりません ～하지 않으면 안 됩니다(～해야만 합니다)
3. 문형 동사ない형+なくてもいいです ～하지 않아도 됩니다.

오늘의 퀴즈

'아직 말하지 않는 편이 좋아요.'는 일본어로 뭐라고 할까요?

>>>> 학습하기 ────────────────────○

단어 익히기

☐ 帰る	〔동1〕 돌아가다
☐ 無理する	〔동3〕 무리하다
☐ そう言えば	그러고 보니
☐ 飲み会	회식
☐ 日程	일정

□ 決まる 〔동1〕정해지다

□ 日程が決まる 일정이 잡히다

□ 話す 〔동1〕이야기하다

□ 出張 출장

□ 地方 지방

□ 連絡する 〔동3〕연락하다

□ 午後 오후

□ 午前 오전

□ 予定 예정

□ 伝える 〔동2〕전하다

오늘의 회화

田中 キムさん、まだ帰らないんですか。

キム あ、そろそろ帰ります。

田中 あまり無理しない方がいいですよ。

キム そうですね。そう言えば、飲み会の日程は決まりましたか。

田中 はい。鈴木さんと話したんですが、金曜日はどうですか。

キム 金曜日はちょっと。出張で地方に行かなければならないので。

田中 じゃ、来週の木曜日はどうですか。

キム	はい、だいじょうぶです。じゃ、鈴木さんには私が連絡します。
田中	あ、連絡しなくてもいいですよ。午後に会う予定なので、私が伝えますよ。
キム	じゃ、お願いします。

다나카 : 민지 씨, 아직 안 돌아가시나요?
김민지 : 아, 슬슬 집에 가요.
다나카 : 너무 무리하지 않는 게 좋아요.
김민지 : 그럴게요. 그러고 보니 회식 일정은 잡혔나요?
다나카 : 네. 스즈키 씨랑 이야기했는데요, 금요일은 어떠세요?
김민지 : 금요일은 좀. 출장으로 지방에 가야해서요.
다나카 : 그럼, 다음 주 목요일은 어떠세요?
김민지 : 네, 괜찮아요. 그럼 스즈키 씨에게는 제가 연락할게요.
다나카 : 아, 연락 안 해도 돼요. 오후에 만날 예정이니 제가 전할게요.
김민지 : 그럼, 부탁드려요.

 문형 학습하기

01

문형 동사 ない형+ない方がいいですよ ～하지 않는 편이 좋습니다.

① お酒はたくさん飲まない方がいいですよ。 술은 많이 마시지 않는 편이 좋아요.

② 無理しない方がいいですよ。 무리하지 않는 편이 좋아요.

단어 お酒 술 無理する〔동3〕무리하다

☑ 동사 ない형(부정형) 만드는 법

★1그룹
어미를 「あ」단으로 바꾸고 「ない」를 붙인다.

行く 가다 → 行かない 가지 않다

待つ 기다리다 → 待たない 기다리지 않다

遊ぶ 놀다 → 遊ばない 놀지 않다

話す 이야기하다 → 話さない 이야기 하지 않다

TIP 어미가 「う」인 경우

어미가 「う」인 경우에는 「あ」가 아닌 「わ」로 바꿔야 한다.

買う 사다 → 買わない 사지 않다 (×買あない)

- 吸う 피우다 → 吸わない 피우지 않다

- 会う 만나다 → 会わない 만나지 않다

- 習う 배우다 → 習わない 배우지 않다

- もらう 받다 → もらわない 받지 않다

★2그룹
어미의 「る」를 떼고 「ない」를 붙인다.

食べる 먹다 → 食べない 먹지 않다

見る 보다 → 見ない 보지 않다

教える 가르치다 → 教えない 가르치지 않다

★3그룹

① する 하다 → しない 하지 않는다

勉強する 공부하다 → 勉強しない 공부하지 않는다

そうじする 청소하다 → そうじしない 청소하지 않는다

② 来る 오다 → 来ない 오지 않는다.

☑ 동사 ない형+ない方がいいですよ ~하지 않는 편이 좋습니다.(조언, 충고)

「~た方がいいですよ」의 부정 표현.

상대방에게 충고나 조언을 할 때, 문장 끝에 지적을 나타내는「よ」를 붙여서 쓰는 경우
가 많다.

- 今日は山に登らない方がいいですよ。오늘은 산에 올라가지 않는 편이 좋아요.

- 人に見せない方がいいですよ。사람들에게 보여 주지 않는 편이 좋아요.

단어 山 산　人 '사람'이라는 뜻 외에 타인 (他人)이나 사람들이라는 뜻도 있다.

見せる〔동2〕보여주다

문형　동사 ない형+なければなりません ~하지 않으면 안 됩니다(~해야만 합니다)

① 今日は早く帰らなければなりません。오늘은 일찍 돌아가지 않으면 안 됩니다.

② 制服を着なければなりません。교복을 입지 않으면 안 됩니다.

단어 制服 교복

☑ 동사 ない형+なければなりません ~하지 않으면 안 됩니다(~해야만 합니다)

「~なければなりません。」은 의무를 나타낼 때 사용하는 표현이며, 「~なければならない。」의 정중한 표현.

- 地方に行かなければならない。지방에 가지 않으면 안 된다.(가야만 한다.)

- 地方に行かなければなりません。지방에 가지 않으면 안 됩니다.(가야만 합니다.)

TIP 의무를 나타내는 표현에는 「~なくてはなりません。」「~なければいけません。」
「~なくてはいけません。」라는 표현도 있다.

03

> **문형 동사 ない형+なくてもいいです ~하지 않아도 됩니다.**
>
> ① 明日は来なくてもいいです。 내일은 오지 않아도 됩니다.
> ② 田中さんは呼ばなくてもいいです。 다나카 씨는 부르지 않아도 됩니다.
> ③ 作文の課題はやらなくてもいいです。 작문 과제는 하지 않아도 됩니다.
>
> **단어** 呼ぶ〔동1〕부르다 作文 작문 課題 과제

☑ **동사 ない형+なくてもいいです ~하지 않아도 됩니다.**

그럴 필요가 없을 때 쓰는 표현이다.

• 急がなくてもいいです。 서두르지 않아도 됩니다.

• くつをぬがなくてもいいです。 신발을 벗지 않아도 됩니다.

• 連絡しなくてもいいですよ。 연락하지 않아도 됩니다.

단어 急ぐ〔동1〕서두르다 ぬぐ〔동1〕벗다 連絡する〔동3〕연락하다

정리하기

1) **동사 ない형+方がいいですよ ~하지 않는 편이 좋습니다.**

① 車で行かない方がいいですよ。 차로 가지 않는 편이 좋아요.

② 明日は遅れない方がいいですよ。 내일은 늦지 않는 편이 좋아요.

③ まだ話さない方がいいですよ。 아직 말하지 않는 편이 좋아요.

단어 遅れる〔동2〕늦다　まだ 아직

2) **동사 ない형 + なければなりません**　～하지 않으면 안 됩니다(～해야만 합니다)

① 明日は会社に行かなければなりません。 내일은 회사에 가지 않으면 안 됩니다.

② 来週から授業を受けなければなりません。 다음 주부터 수업을 듣지 않으면 안 됩니다.

③ 今日は早く帰らなければなりません。 오늘은 일찍 돌아가지 않으면 안 됩니다.

단어 会社 회사　授業を受ける 수업을 받다

3) **동사 ない형 + なくてもいいです**　～하지 않아도 됩니다.

① 急がなくてもいいです。 서두르지 않아도 됩니다.

② ドアを閉めなくてもいいです。 문을 닫지 않아도 됩니다.

③ 早く来なくてもいいです。 일찍 오지 않아도 됩니다.

단어 ドア 문

╭─────────────╮
│ 오늘의 퀴즈 정답 │
╰─────────────╯

⇒ まだ話さない方がいいですよ。

╭──────────────────╮
│ **にほんごのポイント** │
╰──────────────────╯

Q

'～하지 않았다'는 어떻게 말해요?

A

동사 ない형에 なかった를 붙이면 됩니다.

待たなかった。 기다리지 않았다.

買わなかった。 사지 않았다.

見なかった。 보지 않았다.

☑ 동사의 과거형(보통형)

긍정	부정
동사 た형	**동사 ない형+なかった**
예 行った	예 行かなかった
예 食べた	예 食べなかった
예 来た	예 来なかった

모임에 참석하지 않았습니다.
集まりに参加しませんでした。

納豆

삶은 콩을 발효시켜 만든 일본 전통음식이다.

すき焼き

얇게 썬 고기와 대파, 두부, 배추, 실곤약 등의 재료를 간장, 설탕으로 맛을 내어 자작하게
졸인 일본의 나베 요리(鍋料理)이다. 주로 날달걀에 찍어서 먹는다.

たくさん食べてください。

Clip 01

동사 て형 ， ～てください， ～ないでください

1. 문형 ～て～   ～하고/해서～
2. 문형 ～てください   ～해 주세요
3. 문형 ～ないでください   ～하지 마세요.
4. 문형 ～ないで～てください ～하지 말고 ～해 주세요

오늘의 퀴즈

'교과서를 보지 말고 답해 주세요.'는 일본어로 뭐라고 할까요?

>>>> 학습하기

단어 익히기

☐ できました   다 됐습니다. 완성했습니다.

☐ 料理
りょうり   요리

☐ 名前
なまえ   이름

☐ 焼きそば
や   야키소바

- ☐ お好み焼き　　　　　　　　　　오코노미야키

- ☐ ソース　　　　　　　　　　　　소스

- ☐ マヨネーズ　　　　　　　　　　마요네즈

- ☐ かける　　　　　　　　　　　　〔동2〕뿌리다

- ☐ えんりょする　　　　　　　　　〔동3〕사양하다

山田	できましたよ。どうぞ。
パク	ありがとうございます。この料理の名前は何ですか。
山田	これは焼きそばです。
パク	あ、焼きそばですね。食べたことはありませんが、名前は聞いたことがあります。
山田	そうですか。おいしいですよ。
パク	これは、お好み焼きですか。
山田	そうです。お好み焼きです。
パク	どうやって食べるんですか。
山田	こうやってソースとマヨネーズをかけて食べます。どうぞ。
パク	いただきます。本当においしいですね。
山田	えんりょしないで、たくさん食べて下さい。

야마다 :　다 됐어요. 드셔보세요.

박재원 :　고맙습니다. 이 요리 이름은 뭐예요?

야마다 :　이건 야키소바입니다.

박재원 :　아, 야키소바네요.먹어본 적은 없지만 이름은 들어본 적이 있어요.

야마다 :　그러시군요. 맛있어요.

박재원 :　이거는 오코노미야키인가요?

야마다 :　맞아요. 오코노미야키입니다.

박재원 :　어떻게 먹나요?

야마다 :　이렇게 소스랑 마요네즈를 뿌려서 먹어요. 드셔보세요.

박재원 :　잘 먹겠습니다. 정말 맛있네요.

야마다 :　사양하지 말고 많이 드세요.

 문형 학습하기

01

문형　～て～　～하고/해서～

① 朝起きて、顔を洗います。 아침에 일어나서 세수를 합니다.

② ご飯を食べて、出勤します。 밥을 먹고 출근합니다.

③ 図書館に行って、本を借ります。 도서관에 가서 책을 빌립니다.

④ 日本へ行って、おそばを食べました。 일본에 가서 소바를 먹었습니다.

단어　顔を洗う〔동1〕 세수를 하다 (얼굴을 씻다)　出勤する〔동3〕 출근하다

　　　借りる〔동2〕 빌리다　おそば 소바

☑ 동사 て형 만드는 법

★1그룹

① 어미가 「く」인 동사 : 「く」를 「い」로 바꾸고 「て」를 붙인다.

[예] 書く → 書いて

「ぐ」는 「い」로 바꾸고 「で」를 붙인다.

[예] 泳ぐ → 泳いで

* **예외** 「行く」는 어미가 「く」이지만, 「×行いて」가 아니라 「行って」라고 한다.

行く → 行って

- 働く 일하다 → 働いて 일하고, 일해서
- 聞く 듣다 → 聞いて 듣고, 들어서
- 急ぐ 서두르다 → 急いで 서두르고, 서둘러서

② 어미가 「む」「ぶ」「ぬ」인 동사 : 어미 「む」「ぶ」「ぬ」를 「ん」로 바꾸고 「で」를 붙인다.

[예] 休む → 休んで

- 飲む 마시다 → 飲んで 마시고, 마셔서
- 遊ぶ 놀다 → 遊んで 놀고, 놀아서
- 死ぬ 죽다 → 死んで 죽고, 죽어서

③ 어미가 「う」「つ」「る」인 동사 : 어미 「う」「つ」「る」를 「っ」으로 바꾸고 「て」를 붙인다.

[예] 帰る → 帰って

- 買う 사다 → 買って 사고, 사서
- 待つ 기다리다 → 待って 기다리고, 기다려서
- 入る 들어가다 → 入って 들어가고, 들어가서

④ 어미가 「す」인 동사 : 어미 「す」를 「し」로 바꾸고 「て」를 붙인다.

[예] 話す → 話して

- 貸す 빌려주다　　→ 貸して 빌리고, 빌려서

- 出す 내다　　　　→ 出して　내고, 내서

- 消す 끄다　　　　→ 消して 끄고, 꺼서

★2그룹

어미의 「る」를 떼고 「て」를 붙인다.

예 食べる ＋て → 食べて

- 起きる 일어나다　　→ 起きて 일어나고, 일어나서

- 見る 보다　　　　　→ 見て 보고, 봐서

- 教える 가르치다　　→ 教えて 가르치고, 가르쳐서

★3그룹

① する 하다 → して

- 勉強する 공부하다　　→ 勉強して 공부하고, 공부해서

- そうじする 청소하다　→ そうじして 청소하고, 청소해서

- 案内する 안내하다　　→ 案内して 안내하고, 안내해서

② 来る 오다 → 来(き)て

TIP 동사た형 ＝ 동사て형

　　た형 만드는 법은 て형 만드는 법과 똑같다. た형 만드는 법을 알고 있으면 て형도 만들 수 있다. (「동사 た형」 4과 참고.)

☑ (동사て형)て〜 〜하고〜, 〜해서〜

A : 週末は、何をしましたか。 주말은 무엇을 했어요?

B : デパートで買い物をして、レストランでご飯を食べました。
　　백화점에서 쇼핑을 하고 레스토랑에서 밥을 먹었습니다.

A：夏休みは、何をしましたか。 여름 방학은 무엇을 했어요?

B：日本に行って、温泉に入りました。 일본에 가서 온천에 들어갔어요.

단어 デパート 백화점　買い物をする 쇼핑을 하다　レストラン 레스토랑

　　　夏休み 여름 방학　温泉に入る 온천에 들어가다

문형　～てください ～해 주세요.

① 窓を開けてください。 창문을 열어 주세요.

② ここに名前を書いてください。 여기에 이름을 써 주세요.

③ 田中さんに聞いてください。 다나카 씨에게 물어보세요.

단어 窓 창문　名前 이름　聞く〔동1〕 듣다, 묻다

☑ **의뢰 표현：동사て형＋てください ～해 주세요.**

- 急いでください。 서둘러 주세요.

- 読んでください。 읽어 주세요.

- 待ってください。 기다려 주세요.

- 貸してください。 빌려 주세요.

문형　～ないでください ～하지 마세요.

① 田中さんに言わないでください。 다나카 씨에게 말하지 말아 주세요.

② 明日は**遅れないでください**。 내일은 늦지 마세요.

단어 言う〔동1〕 말하다 遅れる〔동2〕 늦다

☑ 동사ない형+ないでください ～하지 마세요.

★1그룹 ない형 : 어미를 「あ」단으로 바꾸고 「ない」를 붙인다.

- 行く　　→ 行**か**ないでください 가지 마세요.
- 待つ　　→ 待**た**ないでください 기다리지 마세요.
- 遊ぶ　　→ 遊**ば**ないでください 놀지 마세요.
- 話す　　→ 話**さ**ないでください 이야기 하지 마세요.

★2그룹 ない형 : 어미의 「る」를 떼고 「ない」를 붙인다.

- 食べ**る**　→ 食べないでください 먹지 마세요.
- 見**る**　　→ 見ないでください 보지 마세요.
- 教え**る**　→ 教えないでください 가르치지 마세요.

★3그룹 ない형

① する → **しない** 하지 않다

- 出発する　→ 出発**しない**でください 출발하지 마세요.
- そうじする → そうじ**しない**でください 청소하지 마세요.

② 来る 오다 → **来**ないでください 오지 마세요.

문형　～ないで～てください　～하지 말고 ～해 주세요.

① はさみを使わないで切ってください。 가위를 쓰지 않고 잘라 주세요.

② 教科書を見ないで答えてください。 교과서를 보지 말고 답해 주세요.

단어 はさみ 가위　使う〔동1〕사용하다　切る〔동1〕자르다　教科書 교과서

答える〔동2〕대답하다

☑ 동사 ない형+ないで, 동사 て형+てください　～하지 말고 ～해 주세요.

• 電話しないでメールを送ってください。 전화하지 말고 메일을 보내 주세요.

• 家に帰らないですぐ来てください。 집에 돌아가지 말고 바로 와 주세요.

단어 電話 전화　メール 메일　送る〔동1〕보내다　すぐ 바로

정리하기

1) ～て～　～하고/해서～

① 家に帰って休みます。 집에 가서 쉬겠습니다.

② 学校に行って勉強します。 학교에 가서 공부하겠습니다.

③ カラオケに行って日本の歌を歌いました。 노래방에 가서 일본 노래를 불렀습니다.

단어 カラオケ 노래방　歌を歌う 노래를 부르다

2) ～てください　～해 주세요

① もう少し待ってください。 조금 더 기다려 주세요.

② どうぞ、座ってください。 어서 앉으세요.

③ そこに置いてください。 거기에 놔둬 주세요.

단어 もう少し 조금 더　座る〔동1〕앉다　置く〔동1〕나두다

3）～ないでください ～하지 마세요.

① ここに捨てないでください。 이 곳에 버리지 마세요.

② すみません、押さないでください。 저기요, 밀지 마세요.

③ ここで写真をとらないでください。 여기서 사진을 찍지 마세요.

단어 捨てる〔동2〕버리다　押す〔동1〕밀다, 누르다　写真をとる〔동1〕사진을 찍다

4）～ないで～てください ～하지 말고 ～해 주세요

① お昼は食べないで来てください。 점심은 먹지 말고 오세요.

② 走らないで歩いてください。 뛰지 말고 걸어 주세요.

③ 怒らないで聞いてください。 화내지 말고 들어 주세요.

단어 走る〔동1〕뛰다　歩く〔동1〕걷다　怒る〔동1〕화내다　聞く〔동1〕듣다

──[오늘의 퀴즈 정답]────────────────────────────

⇒ 教科書を見ないで答えてください。

[にほんごのポイント]

Q

'聞く'의 뜻을 알려 주세요.

A

'聞く'는 원래 '듣다'라는 뜻이지만, '묻다'라는 뜻도 가지고 있습니다.

- 音楽を聞く。 음악을 듣다.
- 田中さんに聞く。 다나카 씨에게 묻다.

Clip 02

학습목표 / 학습내용   ～てもいいです, ～てきます

1. 문형 동사 て형＋てもいいです   ～해도 됩니다.
2. 문형 동사 て형＋てきます   ～하고 옵니다.

오늘의 퀴즈

'시험을 보고 왔습니다.'는 일본어로 뭐라고 할까요?

>>>> 학습하기 ─────────────────────────○

단어 익히기

☐ コピー	복사
☐ コピーする	복사하다
☐ お願<ねが>いする	부탁하다
☐ 枚<まい>	～장
☐ 何枚<なんまい>	몇 장

☐ 飲^のみ物^{もの}　　　　　　　　　음료

☐ 準備^{じゅんび}　　　　　　　　　준비

☐ ペットボトル　　　　　　페트병

☐ お茶^{ちゃ}　　　　　　　　　　차

☐ 買^かう　　　　　　　　　　〔동1〕사다

（회의 준비）

木村^{きむら}　　パクさん、コピーをお願^{ねが}いしてもいいですか。

パク　　はい。何枚^{なんまい}コピーしましょうか。

木村^{きむら}　　20枚^{まい}お願^{ねが}いします。

パク　　はい。分^わかりました。

木村^{きむら}　　ありがとうございます。

（복사를 끝내고…）

パク　　木村^{きむら}さん、コピーできました。

木村^{きむら}　　ありがとうございます。

パク　　飲^のみ物^{もの}も準備^{じゅんび}した方^{ほう}がいいですか。

木村^{きむら}　　そうですね。飲^のみ物^{もの}の準備^{じゅんび}もお願^{ねが}いしてもいいですか。

パク　　はい。じゃあ、ペットボトルのお茶^{ちゃ}を買^かってきます。

（회의 준비）

기무라 : 재원 씨 복사를 부탁해도 될까요?

박재원 : 네. 몇 장 복사할까요?

기무라 : 20장 부탁드려요.

박재원 : 네. 알겠습니다.

기무라 : 고맙습니다.

（복사를 끝내고…）

박재원 : 기무라 씨, 복사 다 됐어요.

기무라 : 고맙습니다.

박재원 : 마실 것도 준비하는 편이 좋을까요?

기무라 : 그럴 것 같아요. 음료 준비도 부탁해도 될까요?

박재원 : 네, 그럼 페트병 차를 사 올게요.

문형 학습하기

01

문형　동사 て형＋てもいいです　~해도 됩니다

① A：ここでたばこを吸ってもいいですか。 여기서 담배를 피워도 괜찮습니까?

　 B：ここでたばこを吸わないでください。 여기서 담배를 피지 말아 주세요.

② A：電話番号も書きますか。 전화번호도 적어요?

　 B：電話番号は書かなくてもいいです。 전화번호는 적지 않아도 됩니다.

단어 たばこを吸う 담배를 피우다　電話番号 전화번호

☑ **허가 표현 : 동사 て형＋てもいいです　~해도 됩니다**

- 書いてもいいです 써도 됩니다.

- 泳いでもいいです 수영해도 됩니다.

- 休んでもいいです 쉬어도 됩니다.

• 話してもいいです 이야기해도 됩니다.

• 食べてもいいです 먹어도 됩니다.

• 出発してもいいです 출발해도 됩니다.

• 来てもいいです 와도 됩니다.

> **TIP** 동사 ない형＋なくてもいいです ～하지 않아도 됩니다. 〔4과〕

☑ 의뢰 표현 : 동사 て형＋てもいいですか ～해도 될까요?

A : 入ってもいいですか。 들어가도 될까요?

B : はい。いいですよ。 네, 좋아요.

A : 書類の整理をお願いしてもいいですか。 복사를 부탁해도 될까요?

B : はい。分かりました。 네, 알겠습니다.

> **단어** 書類 서류　整理 정리

문형　동사 て형＋てきます ～하고 옵니다.

① 先月出張で東京に行ってきました。 지난 달 출장으로 도쿄에 다녀왔습니다.

② お昼は食べてきました。 점심은 먹고 왔습니다.

③ しっかり勉強してきました。 제대로 공부하고 왔습니다.

> **단어** 先月 지난 달　出張 출장　しっかり 제대로

☑ 동사 て형 + てきます ~하고 옵니다.

- <ruby>明日<rt>あした</rt></ruby> <ruby>書類<rt>しょるい</rt></ruby>を<ruby>持<rt>も</rt></ruby>ってきます。 내일 서류를 가지고 오겠습니다.

- <ruby>先生<rt>せんせい</rt></ruby>にあいさつしてきます。 선생님께 인사하고 오겠습니다.

- <ruby>友達<rt>ともだち</rt></ruby>を<ruby>迎<rt>むか</rt></ruby>えに<ruby>行<rt>い</rt></ruby>ってきました。 친구를 마중하러 갔다 왔습니다.

- テストを<ruby>受<rt>う</rt></ruby>けてきました。 시험을 보고 왔습니다.

- <ruby>映画<rt>えいが</rt></ruby>を<ruby>見<rt>み</rt></ruby>てきました。 영화를 보고 왔습니다.

단어 あいさつする 〔동3〕 인사하다   <ruby>迎<rt>むか</rt></ruby>えに<ruby>行<rt>い</rt></ruby>く 마중하러 가다, 마중 나가다, 데리러 가다
<ruby>試験<rt>しけん</rt></ruby>を<ruby>受<rt>う</rt></ruby>ける 시험을 보다 ('×<ruby>試験<rt>しけん</rt></ruby>を<ruby>見<rt>み</rt></ruby>る'라고 하지 않는다.)

정리하기

1) 동사 て형 + てもいいです ~해도 됩니다.

① もう<ruby>帰<rt>かえ</rt></ruby>ってもいいですよ。 이제 돌아가도 되요.

② かさを<ruby>借<rt>か</rt></ruby>りてもいいですか。 우산을 빌려도 될까요?

③ トイレを<ruby>使<rt>つか</rt></ruby>ってもいいですか。 화장실을 사용해도 될까요?

단어 かさ 우산   <ruby>借<rt>か</rt></ruby>りる 〔동2〕 빌리다   トイレ 화장실   <ruby>使<rt>つか</rt></ruby>う 〔동1〕 사용하다

2) 동사 て형 + てきます ~하고 오겠습니다

① <ruby>田中<rt>たなか</rt></ruby>さんを<ruby>呼<rt>よ</rt></ruby>んできます。 다나카 씨를 부르고 오겠습니다.

② <ruby>荷物<rt>にもつ</rt></ruby>を<ruby>取<rt>と</rt></ruby>りに<ruby>行<rt>い</rt></ruby>ってきます。 짐을 가지러 갔다 오겠습니다.

③ おすしを<ruby>買<rt>か</rt></ruby>ってきました。 초밥을 사 왔습니다.

단어 <ruby>呼<rt>よ</rt></ruby>ぶ 〔동1〕 부르다   <ruby>荷物<rt>にもつ</rt></ruby> 짐   <ruby>取<rt>と</rt></ruby>りに<ruby>行<rt>い</rt></ruby>く 가지러 가다, 찾으러 가다

⇒ テストを受けてきました。

にほんごのポイント

Q

「頼む」와 「お願いする」의 차이가 뭘까요?

A

「頼む」와 「お願いする」 모두 '부탁하다'라는 뜻이지만, 「お願いする」는 「頼む」보다 더 정중하게 의뢰하는 표현으로, '그렇게 해주시면 감사하겠습니다.'라는 뉘앙스가 있습니다. 좀더 폭넓게 사용되는 표현입니다.

〔頼む〕

1) 어떤 일을 의뢰할 때

子供にお使いを頼んだ。 아이에게 심부름을 부탁했다.

2) '시키다'의 뜻으로 쓰일 때

コーヒーを頼みました。 커피를 시켰습니다.

〔お願いする〕

1) 정중하게 의뢰할 때

よろしくお願いします。 잘 부탁합니다.

資料の確認をお願いできますか。 자료 확인 좀 부탁드려도 될까요?

2）성취 기도할 때

神様にお願いする。 신에게 부탁하다.

3）도움, 배려를 구할 때

ご協力をお願いします。 협조 부탁드립니다.

Clip 03

학습목표 / 학습내용　　～てから

1. 문형 동사て형＋てから　～하고 나서
2. 동사 ある / いる　있다

오늘의 퀴즈

'일본 애니메이션을 보고 나서 일본을 좋아하게 되었습니다.'는 일본어로 뭐라고 할까요?

>>>> 학습하기

단어 익히기

□ 何^{なに}か　　　　　　　　　　　무엇인가, 무슨

□ 予定^{よてい}　　　　　　　　　　　예정

□ 特^{とく}に　　　　　　　　　　　특별히

□ 映画^{えいが}を観^みる　　　　　　　　영화를 보다

□ 始^{はじ}まる　　　　　　　　　　〔동1〕시작되다

□ 終わる　　　　　　　　　　　　〔동1〕 끝나다

□ ～から　　　　　　　　　　　　～부터

□ ごろ　　　　　　　　　　　　　쯤

□ 夕食　　　　　　　　　　　　　저녁

□ 焼き肉　　　　　　　　　　　　일본식 불고기, 야키니쿠

오늘의 회화

木村	パクさん、日曜日は何か予定がありますか。
パク	日曜日ですか。特に予定はありませんが。
木村	じゃあ、映画を観に行きませんか。
パク	いいですね。何時の映画ですか。
木村	4時に始まります。
パク	4時からですか。何時に終わりますか。
木村	7時ごろ終わります。
パク	分かりました。
木村	映画を観てから、夕食を一緒に食べませんか。
パク	そうしましょう。
木村	映画館の前においしい焼き肉のお店があるんです。
パク	焼き肉ですか。いいですね。

기무라 : 재원 씨 일요일은 무슨 예정이 있어요?

박재원 : 일요일이요? 특별히 예정은 없는데요.

기무라 : 그럼, 영화 보러 가지 않을래요?

박재원 : 좋네요. 몇 시 영화인가요?

기무라 : 4시에 시작해요.

박재원 : 4시부터군요. 몇시에 끝나나요?

기무라 : 7시쯤 끝나요.

박재원 : 알겠어요.

기무라 : 영화를 보고 나서, 저녁 같이 먹지 않을래요?

박재원 : 그렇게 합시다.

기무라 : 영화관 앞에 맛있는 고깃집이 있거든요.

박재원 : 고깃집이요? 좋네요.

문형 학습하기

01

문형 동사 て형 + てから ~하고 나서

① 買い物してから帰りました。 쇼핑하고 나서 돌아갔습니다.

② 日本のアニメを見てから日本が好きになりました。

일본 애니메이션을 보고 나서 일본을 좋아하게 되었습니다.

③ 梨泰院(イテウォン)に行ってから明洞(ミョンドン)に行きました。

이태원에 갔다가 명동에 갔습니다.

④ 公園に着いてからお弁当を食べませんか。

공원에 도착하고 나서 도시락을 먹지 않을래요?

단어 公園 공원 着く〔동1〕도착하다 お弁当 도시락 アニメ 애니메이션

☑ 동사 て형 + てから ~하고 나서

• 宿題をしてからテレビを見ます。 숙제를 하고 나서 TV를 봅니다.

- 歯^はをみがいてから行^いきます。 이를 닦고 나서 갑니다.

단어 宿題^{しゅくだい} 숙제 歯^は 이 みがく〔동1〕닦다

동사 ある 있다

① 2時^じに会議^{かいぎ}があります。 2시에 회의가 있습니다.
② 明日^{あした}、テストがあります。 내일 시험이 있습니다.

단어 会議^{かいぎ} 회의 テスト 시험

☑ 동사 ある / いる 있다

사람이나 동물의 존재를 나타내는 동사는 'いる 있다'라고 하고, 그 외에 사물이나 식물의 존재를 나타내는 동사는 'ある 있다'라고 한다.

〔사람, 동물〕있다/없다

いる 있다	います 있습니다.
いない 없다	いません 없습니다.

〔사물, 식물〕있다/없다

ある 있다	あります 있습니다
ない 없다	ありません 없습니다

- ねこがいます。 고양이가 있습니다.
- 花束^{はなたば}があります。 꽃다발이 있습니다.
- だれもいません。 아무도 없습니다.
- 今日^{きょう}は会議^{かいぎ}がありません。 오늘은 회의가 없습니다.

단어 ねこ 고양이　花束 꽃다발　だれも 아무도

1）동사 て형＋てから ～하고 나서

① 大学に入学してからアルバイトを始めました。
대학교에 입학하고 나서 아르바이트를 시작했습니다.

② 日本に来てから日本語の勉強を始めました。
일본에 오고 나서 일본어 공부를 시작했습니다.

③ ひっこししてから連絡がありません。 이사 가고 나서 연락이 없습니다.

단어 大学 대학교　入学する〔동3〕입학하다　アルバイト 아르바이트
始める〔동2〕시작하다　ひっこしする〔동3〕이사하다(가다)　連絡 연락

2）동사 ある／いる 있다

① ねこがいる。 고양이가 있다.

② 花束がある。 꽃다발이 있다.

③ だれもいない。 아무도 없다.

④ 今日は会議がない。 오늘은 회의가 없다.

（오늘의 퀴즈 정답）

➡ 日本のアニメを見てから日本が好きになりました。

Q1

고깃집에 さん을 붙여서 焼き肉屋さん이라고도 하나요?

A1

일본에서는 한 가지 물건을 파는 가게를 「~屋(や)」라고 합니다. 그리고 부를 때는 「~屋さん」이라고 하는데, 일종의 관습 같은 것입니다.

야채를 파는 가게는 「八百屋(やおや)さん」,
생선을 파는 가게는 「魚屋(さかなや)さん」,
약을 파는 가게는 「薬屋(くすりや)さん」,
케이크를 파는 가게는 「ケーキ屋(や)さん」
도시락을 파는 가게는 「お弁当屋(べんとうや)さん」

Q2

コーヒーショップでの注文方法 커피숍에서의 주문 방법

A2

일본 커피숍에서 음료를 주문해 봅시다!

1. 음료(ドリンク) 종류를 고릅시다.

   메뉴(メニュー)를 보고 음료 종류를 고릅니다.

   * コーヒー類 커피 종류

   ふつうのドリップ・コーヒーやアイス・コーヒー 일반 드립 커피나 아이스 커피

   * エスプレッソ類 에스프레소 종류

   エスプレッソ 에스프레소

カフェ・ラテ 카페라떼(エスプレッソ＋ミルク 에스프레소＋우유)

カフェ・モカ 카페모카(エスプレッソ＋ミルク＋チョコ 에스프레소＋우유＋초코)

カフェ・アメリカーノ 카페 아메리카노(エスプレッソ＋お湯 에스프레소＋뜨거운 물)

＊ティー類・ジュース類 차 종류, 주스 종류

紅茶 홍차

ハーブティー 허브티

オレンジジュース 오렌지주스

2. 따뜻한 것(ホット)과 차가운 것(アイス) 중에서 고릅시다.

〔주문 예〕

カフェ・ラテください。ホットで。
카페라떼 주세요. 핫으로요.

3. 사이즈(サイズ)를 고릅시다.

예 スターバックス 스타벅스
- ショート(S) 숏
- トール(T) 톨
- グランデ(G) 그란데
- ベンティ(V) 벤티

〔주문 예〕

サイズは、どうしますか?
사이즈는 어떻게 하시겠어요?

店員(점원)

トールで。
톨로(주세요)

客(손님)

TIP 「○○○で。」는 '〜로.' 라는 뜻이다.

- アイスで。 아이스로.
- グランデで。 그란데로.

4. 토핑(トッピング)을 해 봅시다.

- 휘핑크림(ホイップクリーム)을 추가하거나, 시럽(シロップ)을 추가할 수 있다.
- 에스프레소 추가나 시럽 추가, 우유를 두유(豆乳)로 바꾸는 등, 마음대로 조절할 수 있다.

〔주문 예〕

客^{きゃく}(손님)

カフェ・ラテください。 ホットで。 サイズはショートで。
카페라떼 주세요. 따뜻한 걸로. 사이즈는 숏으로요.

あと、エスプレッソを追加^{ついか}してください。
그리고 에스프레소를 추가해 주세요.

店員^{てんいん}(점원)

かしこまりました。
알겠습니다.

학습정리문제(H5P)

사양하지 말고 많이 드세요.

えんりょしないで、たくさん食^たべて下^{くだ}さい。

焼きそば 야키소바

중화면을 돼지고기 등 육류·양배추·당근·양파·콩나물 등 채소류와 함께 볶은 것이다. 주로 우스터 소스로 간을 맞춘다.

お好み焼き 오코노미야키

물에 녹인 밀가루를 반죽으로 하여 계란, 야채, 고기, 어패류, 면류 등 취향의 재료를 사용하여 철판 위에서 구워 소스, 마요네즈, 파래 등의 조미료를 뿌려서 먹는 철판구이.

日本から友達が来ています。

01 Clip

1. 문형 ～て～〔원인, 이유〕 ～해서
2. 문형 ～ている(진행) ～하고 있다
3. 문형 ～ている(직업) ～하고 있다
4. 문형 ～ている(습관) ～하고 있다

오늘의 퀴즈

'지금 다나카 씨와 커피를 마시고 있어요.'는 일본어로 뭐라고 할까요?

>>>> 학습하기 ─────────────────○

단어 익히기

☐ 遅くなる　　　　　　　늦어지다

☐ お子さん　　　　　　　자녀분

☐ 連れてくる　　　　　　데리고 오다

☐ 連れていく　　　　　　데리고 가다

☐ 息子（むすこ）	아들
☐ 娘（むすめ）	딸
☐ 遊ぶ（あそぶ）	놀다
☐ キッズルーム	키즈룸
☐ 助かる（たすかる）	도움이 되다
☐ 頼む（たのむ）	부탁하다, 의뢰하다
☐ 注文する（ちゅうもんする）	주문하다
☐ アイスコーヒー	아이스커피
☐ ホットコーヒー	따뜻한 커피
☐ 一杯（いっぱい）	한 잔
☐ また後で（あとで）	이따 봐요.
☐ 仕事（しごと）	일, 업무
☐ 最近（さいきん）	최근
☐ アルバイト	아르바이트
☐ 始める（はじめる）	시작하다
☐ 事務（じむ）	사무
☐ 忙しい（いそがしい）	바쁘다
☐ 毎朝（まいあさ）	매일 아침
☐ 起きる（おきる）	일어나다

山田　こんにちは。遅くなって、すみません。

田中　いえいえ、お久しぶりです。

　　　あれ、お子さんは連れて来なかったんですか。

山田　息子は、あそこで遊んでいます。

田中　本当ですね。よく遊んでいますね。

山田　ここは、キッズルームがあって助かります。田中さん、何か頼

　　　みましたか。

田中　私はアイスコーヒーを注文しました。山田さんは、何にしますか。

山田　私は、ホットコーヒーにします。

田中　すみません。ホットコーヒーを一杯ください。

（야마다 씨의 전화벨이 울린다.）

山田　あ、ちょっとすみません。

田中　どうぞ。

山田　もしもし。今、田中さんとコーヒーを飲んでいます。はい、また

　　　後で。

田中　仕事の電話ですか。

山田　はい。最近アルバイトを始めて、事務の仕事をしています。

田中　そうですか。忙しいですね。

山田　はい。毎朝5時に起きています。

야마다 : 안녕하세요. 늦어서 죄송합니다.
다나카 : 아니에요. 오랜만이네요.
　　　　　어라? 자녀분은 안 데리고 온 거예요?
야마다 : 아들은 저기서 놀고 있어요.
다나카 : 정말이네요. 잘 놀고 있군요.
야마다 : 여기는 키즈룸이 있어서 도움이 되요. 다나카 씨, 뭐 좀 주문했어요?
다나카 : 저는 아이스커피를 주문했어요.야마다 씨는 뭘로 하시겠어요?
야마다 : 저는 따뜻한 커피로 하겠습니다.
다나카 : 저기요, 따뜻한 커피를 한잔 주세요.
(야마다 씨의 전화벨이 울린다.)
야마다 : 앗, 잠깐만요.죄송합니다.
다나카 : 어서 하세요.
야마다 : 여보세요. 지금 다나카 씨와 커피를 마시고 있어요. 네, 이따 봐요.
다나카 : 업무 전화인가요?
야마다 : 네. 최근에 아르바이트를 시작해서 사무 일을 하고 있어요.
다나카 : 그렇군요. 바쁘네요.
야마다 : 네. 매일 아침 5시에 일어나고 있어요.

문형　〜て〜 [원인, 이유]

① ニュースを見て、びっくりしました。 뉴스를 보고 놀랐습니다.

② JLPTに合格して、うれしいです。 JLPT에 합격해서 기쁩니다.

③ さいふをなくして、困りました。 지갑을 분실해서 곤란했습니다.

단어　ニュース 뉴스　びっくりする 놀라다 (おどろく의 스스럼없는 표현, 회화에서 사용.)

　　　合格する 합격하다　うれしい 기쁘다　さいふ 지갑　なくす 잃어버리다, 분실하다

　　　困る 곤란하다

☑ (동사)て〜 [원인, 이유] 〜해서(하기 때문에)〜

- 駅<small>えき</small>まで歩<small>ある</small>いて足<small>あし</small>が痛<small>いた</small>くなりました。 역까지 걸어서(걸었기 때문에) 다리가 아파졌습니다.

- みんなの前<small>まえ</small>で転<small>ころ</small>んで、はずかしかったです。
  사람들 앞에서 넘어져서(넘어졌기 때문에) 창피했습니다.

  단어 歩<small>ある</small>く 걷다　足<small>あし</small> 다리　痛<small>いた</small>い 아프다　転<small>ころ</small>ぶ 넘어지다　はずかしい 창피하다, 부끄럽다

  TIP (동사)て〜〔계기〕 〜하고(하고 나서)〜

  レストランでごはんを食<small>た</small>べて、デパートで買<small>か</small>い物<small>もの</small>をしました。
  레스토랑에서 밥을 먹고 (먹고 나서) 백화점에서 쇼핑을 했습니다.

☑ (い형용사)て〜 [원인, 이유] 〜해서(하기 때문에)〜

- テストの問題<small>もんだい</small>が難<small>むずか</small>しくて全然<small>ぜんぜん</small>できませんでした。 시험 문제가 어려워서 전혀 못했습니다.
- 眠<small>ねむ</small>くて授業<small>じゅぎょう</small>に集中<small>しゅうちゅう</small>できませんでした。 졸려서 수업에 집중 못했습니다.

  단어 テスト 시험　問題<small>もんだい</small> 문제　難<small>むずか</small>しい 어렵다　全然<small>ぜんぜん</small> 전혀

  できる 할 수 있다 ↔ できない 할 수 없다

  できます 할 수 있습니다 ↔ できません 할 수 없습니다

  できました 할 수 있었습니다 ↔ できませんでした 할 수 없었습니다

  眠<small>ねむ</small>い 졸리다　授業<small>じゅぎょう</small> 수업　集中<small>しゅうちゅう</small> 집중

☑ (な형용사)で〜 [원인, 이유] 〜해서(하기 때문에)〜

- パクさんの日本語<small>にほんご</small>が上手<small>じょうず</small>で、びっくりしました。 박 씨의 일본어가 능숙해서 놀랐습니다.
- スタッフが親切<small>しんせつ</small>で、うれしかったです。 스탭이 친절해서 기뻤습니다.

  단어 上手<small>じょうず</small> 능숙함　スタッフ 스탭　親切<small>しんせつ</small> 친절함

☑ (명사)で〜 [원인, 이유] 〜때문에〜

- 台風<small>たいふう</small>で木<small>き</small>がたくさん倒<small>たお</small>れました。 태풍 때문에 나무가 많이 쓰러졌습니다.

・ 昨日は風邪で休みました。어제는 감기 때문에 쉬었습니다.

단어 台風 태풍　木 나무　倒れる 쓰러지다　風邪 감기　休む 쉬다

문형　～ている(진행) ～하고 있다

① 今コーヒーを飲んでいます。지금 커피를 마시고 있습니다.

② 今、勉強をしています。

☑ 동사 て형+ている

동사에 ている를 붙여서 **진행, 직업, 습관, 결과 상태**를 나타낼 수 있다.

☑ 진행 : 동사 て형+ている

동작이나 진행, 계속을 나타내는 「～ている」

・ 雨が降っています。비가 내리고 있습니다.

・ 電話がなっていますよ。전화가 울리고 있어요.

・ 今ご飯を食べています。지금 밥을 먹고 있습니다.

단어 雨が降る 비가 내리다　電話がなる 전화가 울리다

문형　～ている(직업) ～하고 있다

① 事務の仕事をしています。사무 일을 하고 있습니다.

② 貿易会社に勤めています。무역회사에 근무하고 있습니다.

단어 貿易会社 무역회사　勤める〔동2〕근무하다

☑ 직업：동사 て형＋ている
직업을 나타내는 「〜ている」

- 貿易会社に勤めています。 무역회사에 근무하고 있습니다.

- コンビニでアルバイトをしています。 편의점에서 아르바이트를 하고 있습니다.

- 5年前まで数学の先生をしていました。 5년 전까지 수학 선생님을 하고 있었습니다.

단어 コンビニ 편의점　アルバイト 아르바이트　数学 수학

04

문형　〜ている(습관) 〜하고 있다

① いつも12時に寝ています。 항상 12시에 자고 있습니다.

② 毎朝ジョギングをしています。 매일 아침 조깅을 하고 있습니다.

단어 毎朝 매일 아침　ジョギング 조깅

☑ 습관：동사 て형＋ている
습관이나 행위의 반복을 나타내는 「〜ている」

- 勤務先へは地下鉄で通っています。 근무처에는 지하철로 다니고 있습니다.

- 高校の時はバスで通っていました。 고등학교 때는 버스로 다니고 있었습니다.

단어 勤務先 근무처　地下鉄 지하철　通う〔동1〕다니다　高校 고등학교　〜の時 〜때

1) 문형 ～ている(진행, 직업, 습관)

① 今、図書館で勉強しています。 지금 도서관에서 공부하고 있습니다. (진행)

② 高校で数学を教えています。 고등학교에서 수학을 가르치고 있습니다. (직업)

③ 週に2回、水泳を習っています。 주2회, 수영을 배우고 있습니다. (습관, 반복)

단어 週に～回 주～회　水泳 수영

[오늘의 퀴즈 정답]

⇒ 今、田中さんとコーヒーを飲んでいます。

にほんごのポイント

Q

'한잔'할 때 「一杯」와 '많다'고 할 때 「いっぱい」

A

「一杯」는 「い」에 악센트가 있고, 「いっぱい」는 「ぱ」에 악센트가 있습니다.

お水を一杯ください。 물을 한잔 주세요.

お水をいっぱいください。 물을 많이 주세요.

02
Clip

～ている

1. 문형 ～ている(결과상태) ～해 있다
2. 문형 ～ている(복장, 착용) ～하고 있다

오늘의 퀴즈

'일본에서 친구가 와 있습니다.'는 일본어로 뭐라고 할까요?

>>>> 학습하기 ───────────────────○

단어 익히기

☐ ずいぶん   꽤

☐ 道_{みち}   길

☐ 混_こむ   붐비다

☐ 平日_{へいじつ}   평일

☐ 感_{かん}じ   느낌

☐ 予約^{よやく}		예약

☐ 予約　　　　　　　　　예약

☐ 間に合う　　　　　　　제시간에 가다(오다), 늦지 않다

☐ たぶん　　　　　　　　아마

☐ 大丈夫　　　　　　　　괜찮음

☐ もう　　　　　　　　　벌써

☐ 着く　　　　　　　　　도착하다

☐ 待つ　　　　　　　　　기다리다

☐ ～と思う　　　　　　　～라고 생각하다

☐ そろそろ　　　　　　　슬슬

☐ あそこ　　　　　　　　저기

☐ 立つ　　　　　　　　　일어서다

☐ 白い　　　　　　　　　하얗다

☐ ぼうし　　　　　　　　모자

☐ かぶる　　　　　　　　쓰다, 착용하다

오늘의 회화

(야마다 씨 차로 박재원 씨와 함께 식당에 가는 중. 다나카 씨와 만나기로 되어 있다.)

パク　　ずいぶん道が混んでいますね。

山田　　平日のこの時間は、いつもこんな感じで混んでいますよ。

パク　　そうなんですか。予約の時間に間に合いますか。

山田　　そうですね。たぶん、大丈夫です。

パク　　田中さんは、もう着いて待っているんですか。

山田　　たぶん、着いていると思います。

パク　　そうですか。

（잠시 후）

山田　　そろそろ着きますよ。

パク　　あ、あそこに立っているのは田中さんじゃないですか。

山田　　え、どこですか?

パク　　あの白いぼうしをかぶっている人です。

山田　　あ、本当ですね。

（야마다 씨 차로 박재원 씨와 함께 식당에 가는 중. 다나카 씨와 만나기로 되어 있다.）
박재원 : 꽤 길이 막히네요.
야마다 : 평일 이 시간은 늘 이런 느낌으로 막혀요.
박재원 : 그렇군요. 예약 시간에 늦지 않을까요?
야마다 : 글쎄요. 아마 괜찮아요.
박재원 : 다나카 씨는 벌써 도착해서 기다리고 있는 거예요?
야마다 : 아마 도착해 있을 거예요.
박재원 : 그렇구나.
（잠시 후）
야마다 : 슬슬 도착해요.
박재원 : 앗, 저기 서 있는 사람은 다나카 씨 아니에요?
야마다 : 어디요?
박재원 : 저 하얀 모자를 쓴 사람이요.
야마다 : 정말이네요.

01

문형 ～ている(결과상태) ～해 있다

① A : 結婚していますか。 결혼했습니까?

　　B : いいえ、まだ結婚していません。 아니요, 아직 안했습니다.

② 日本から友達が来ています。 일본에서 친구가 와 있습니다.

③ 銀行の前におさいふが落ちていました。 은행 앞에 지갑이 떨어져 있었습니다.

④ 私はソウルに住んでいます。

단어 結婚する〔동3〕결혼하다　おさいふ 지갑　落ちる〔동2〕떨어지다

☑ 결과 상태 : 동사 て형+ている　～해 있다

동작이나 작용의 결과가 그대로 그 상태로 남아 있음을 나타내는「～ている」

• ドアが開いています。 문이 열려 있습니다.

• ドアが閉まっています。 문이 닫혀 있습니다.

• 電気がついています。 불이 켜져 있습니다.

• 電気が消えています。 불이 꺼져 있습니다.

• 私は太っています。 저는 살쪄있습니다.(뚱뚱합니다)

• 私はやせています。 저는 날씬합니다.

단어 開く〔동1〕열리다　閉まる〔동1〕닫히다　つく〔동1〕켜지다　消える〔동2〕꺼지다
　　　太る〔동1〕살찌다　やせる〔동2〕살이 빠지다

> ## 문형 ～ている(복장, 착용) ～하고 있다
>
> ① 私はこのくつをいつもはいています。 저는 이 신발을 늘 신고 있습니다.
>
> ② ぼうしをかぶっている人は誰ですか。 모자를 쓰고 있는 사람은 누구입니까?
>
> **단어** くつ 신발 はく 신다 ぼうし 모자 かぶる 쓰다

☑ 복장, 착용에 관한 표현

〔する〕

- ネクタイをしています。 넥타이를 하고 있습니다.

- めがねをしています。 안경을 쓰고 있습니다.

- サングラスをしています。 선글라스를 끼고 있습니다.

- ネックレスをしています。 목걸이를 하고 있습니다.

- イヤリングをしています。 귀걸이를 하고 있습니다.

- てぶくろをしています。(はめています) 장갑을 하고 있습니다.

- 時計をしています。(はめています) 시계를 차고 있습니다.

- ゆびわをしています。(はめています) 반지를 끼고 있습니다.

단어 ネクタイ 넥타이 時計 시계 めがね 안경 サングラス 선글라스 てぶくろ 장갑
ネックレス 목걸이 イヤリング 귀걸이 ゆびわ 반지

〔かぶる〕

- ぼうしをかぶっています。 모자를 쓰고 있습니다.

〔はく〕

- ズボンをはいています。 바지를 입고 있습니다.

- スカートをはいています。 치마를 입고 있습니다.

- くつをはいています。 신발을 신고 있습니다.

- くつしたを**はいています**。양말을 신고 있습니다.

단어 ズボン 바지　スカート 치마　くつ 신발　くつした 양말

〔着<ruby>る<rt>き</rt></ruby>〕

- シャツを**着<ruby><rt>き</rt></ruby>ています**。셔츠를 입고 있습니다.

- みずぎを**着<ruby><rt>き</rt></ruby>ています**。수영복을 입고 있습니다.

- セーターを**着<ruby><rt>き</rt></ruby>ています**。스웨터를 입고 있습니다.

- スーツを**着<ruby><rt>き</rt></ruby>ています**。양복을 입고 있습니다.

- ワンピースを**着<ruby><rt>き</rt></ruby>ています**。원피스를 입고 있습니다.

- きものを**着<ruby><rt>き</rt></ruby>ています**。기모노를 입고 있습니다.

- <ruby>上着<rt>うわぎ</rt></ruby>を**着<ruby><rt>き</rt></ruby>ています**。윗옷을 입고 있습니다.

- <ruby>下着<rt>したぎ</rt></ruby>を**着<ruby><rt>き</rt></ruby>ています**。속옷을 입고 있습니다.

단어 シャツ 셔츠　みずぎ 수영복　セーター 스웨터　スーツ 양복　ワンピース 원피스

きもの 기모노　<ruby>上着<rt>うわぎ</rt></ruby> 윗옷　<ruby>下着<rt>したぎ</rt></ruby> 속옷

정리하기

1） ～ている（결과상태） ～해 있다

① <ruby>時計<rt>とけい</rt></ruby>が<ruby>止<rt>と</rt></ruby>まっています。시계가 멈춰 있습니다.

② <ruby>魚<rt>さかな</rt></ruby>が<ruby>死<rt>し</rt></ruby>んでいます。물고기가 죽어 있습니다.

③ あそこに<ruby>座<rt>すわ</rt></ruby>っている人が<ruby>田中<rt>たなか</rt></ruby>さんです。저기서 앉아 있는 사람이 다나카 씨입니다.

④ <ruby>家族<rt>かぞく</rt></ruby>とソウルに<ruby>住<rt>す</rt></ruby>んでいます。가족과 서울에 살고 있습니다.（결과상태）

단어 <ruby>時計<rt>とけい</rt></ruby> 시계　<ruby>止<rt>と</rt></ruby>まる 멈추다　<ruby>魚<rt>さかな</rt></ruby> 물고기　<ruby>死<rt>し</rt></ruby>ぬ 죽다　<ruby>座<rt>すわ</rt></ruby>る 앉다

<ruby>住<rt>す</rt></ruby>む〔동1〕 살다, 거주하다

2) ～ている（복장, 착용）　～하고 있다

① サングラスをしている人がキムさんです。　선글라스를 끼고 있는 사람이 김 씨입니다.

② きものを着ている方がおかみさんです。　기모노를 입고 있는 분이 주인 아주머니세요.

③ 上着を着ている人は、ぬいでください。　윗옷을 입고 있는 사람은 벗어 주세요.

단어 おかみさん　여관이나 요리집 등의 여주인 호칭.　ぬぐ　벗다

─────────────────────────────

오늘의 퀴즈 정답

⇒ 日本から友達が来ています。

にほんごのポイント

Q
짧은 맞장구의 차이에 대해서 알려 주세요.

A
짧은 맞장구

- 억양을 내리고 말하는 そうなんですか。↘는 '그렇군요.' 라는 의미.
- 억양을 내리고 말하는 そうですか。↘는 そうなんですか。보다 가볍게 '그래요.' '알았어요.'라는 의미.
- 억양을 내리고 말하는 そうですね。↘는 '글쎄요.'라는 의미.
- 억양을 올리고 말하는 そうですね。↗, ほんとうですね。↗는 '그렇네요.' '정말이 네요.'라는 공감의 의미.

A : 今日はいい天気ですね。오늘은 날씨가 좋네요.

B : そうですね。↗ 그렇네요.

　　ほんとうですね。↗ 정말이네요.

Clip 03

학습목표 / 학습내용   ～てみる，～てしまう，～なくて

1. 문형 ～てみる   ～해 보다
2. 문형 ～てしまう   ～해 버리다
3. 문형 ～なくて   ～지 않고

오늘의 퀴즈

'괜찮으시다면 드셔 보세요.'는 일본어로 뭐라고 할까요?

>>>> 학습하기 ────────────────────○

단어 익히기

☐ 作る   만들다

☐ 良かったら   괜찮으시다면

☐ 開ける   열다

☐ きゅうり   오이

☐ キムチ   김치

□ 初めて   처음

□ あまり   그다지

□ 辛い   맵다

□ 早速   얼른

□ お昼   점심, 낮

□ あっというまに   눈 깜짝할 사이에, 순식간에

□ 楽しみ   기대되다

오늘의 회화

キム	これ、昨日作ったんです。良かったら食べてみてください。
田中	ありがとうございます。開けてもいいですか。
キム	はい、どうぞ。
田中	きゅうりですね。
キム	はい。きゅうりのキムチです。
田中	きゅうりのキムチは初めてです。
キム	あまり辛くなくて、おいしいですよ。
田中	そうですか。早速、お昼に食べてみます。
キム	おいしくて、あっというまに食べてしまいますよ。
田中	楽しみです。

김민지 : 이거 어제 만든 거예요. 괜찮으시다면 드셔 보세요.
다나카 : 감사합니다. 열어도 되나요?
김민지 : 네. 열어도 되요.
다나카 : 오이군요.
김민지 : 네, 오이김치입니다.
다나카 : 오이김치는 처음이에요.
김민지 : 별로 맵지 않고 맛있어요.
다나카 : 그렇군요. 얼른 점심에 먹어볼게요.
김민지 : 맛있어서 순식간에 먹어버려요.
다나카 : 기대됩니다.

01

문형　〜てみる 〜해 보다

① スケジュールを確認してみます。 스케줄을 확인해 보겠습니다.

②一度、行ってみてください。 한 번 가보세요.

단어 スケジュール 스케줄　確認する 확인하다　一度 한번

☑ 동사 て형＋てみる 〜해 보다

書く	→ 書いてみる	적어 보다.
休む	→ 休んでみる	쉬어 보다.
帰る	→ 帰ってみる	돌아가 보다.
話す	→ 話してみる	말해 보다.
食べる	→ 食べてみる	먹어 보다.
する	→ してみる	해 보다.
来る	→ 来てみる	와 보다.

- もう少し待ってみます。 조금 더 기다려 보겠습니다.

- 友達に聞いてみます。 친구에게 물어보겠습니다.

- 一度、食べてみてください。 한번 먹어봐 주세요.(드셔 보세요..)

02

문형 ～てしまう ～해 버리다

① 先に書類を書いてしまいます。 먼저 서류를 작성해 버리겠습니다.

② 昨日借りた本はもう全部読んでしまいました。 어제 빌린 책은 이미 전부 읽어버렸습니다.

단어 先に 먼저　書類 서류　借りる 빌리다　もう 이미, 벌써　全部 전부

☑ 동사의 て형 + てしまう ～해 버리다

書く	→	書いてしまう	적어 버리다.
休む	→	休んでしまう	쉬어 버리다.
帰る	→	帰ってしまう	돌아가 버리다.
話す	→	話してしまう	말해 버리다.
食べる	→	食べてしまう	먹어 버리다.
する	→	してしまう	해 버리다.
来る	→	来てしまう	와 버리다.

- 昨日は早く寝てしまいました。 어제는 일찍 자버렸습니다.

- ご飯を食べ過ぎてしまいました。 밥을 지나치게 먹어 버렸습니다.

단어 食べ過ぎる 지나치게 먹다, 과식하다

문형　～なくて ～지 않고

① かばんは、あまり**大きくなくて**軽いものがいいです。

가방은 그다지 크지 않고 가벼운 것이 좋습니다.

② ここは駅からあまり**遠くなくて**交通が便利です。

여기는 역에서 그다지 멀지 않고 교통이 편리합니다.

단어 軽い 가볍다　遠い 멀다　交通 교통　便利 편리함

☑ (い형용사)い+く+なくて ～지 않고

暑い	→	暑	く	なくて	덥지 않고
寒い	→	寒	く	なくて	춥지 않고
忙しい	→	忙し	く	なくて	바쁘지 않고
いい(良い)	→	良	く	なくて	좋지 않고

- 天気が**良くなくて**残念です。날씨가 좋지 않아서 아쉽습니다.

단어 残念 아쉬움

☑ (な형용사)+じゃ+なくて ～지 않고

静か	→	静か	じゃ	なくて	조용하지 않고
きれい	→	きれい	じゃ	なくて	깨끗하지 않고
ひま	→	ひま	じゃ	なくて	한가하지 않고
好き	→	好き	じゃ	なくて	좋아하지 않고

- **便利じゃなくて**、とても不便です。편리하지 않고 아주 불편합니다.
- 甘いものが**好きじゃなくて**、おかしはあまり食べません。

단 것을 좋아하지 않아서 과자는 별로 먹지 않습니다.

1) ～てみる ～해 보다

① パクさんに聞いてみます。 박 씨에게 물어보겠습니다.

② もう少し待ってみます。 조금 더 기다려보겠습니다.

③ 田中さんに連絡してみます。 다나카 씨에게 연락해보겠습니다.

단어 聞く 묻다　もう少し 조금 더　連絡する 연락하다

2) ～てしまう ～해 버리다

① コップを落としてしまいました。 컵을 떨어뜨려버렸습니다.

② もう全部食べてしまいました。 벌써 전부 먹어버렸습니다.

③ お金を全部使ってしまいました。 돈을 전부 써버렸습니다.

단어 コップ 컵　落とす 떨어뜨리다　全部 전부　お金 돈　使う 사용하다

3) ～なくて ～지 않고

① 今日は寒くなくて良かったです。 오늘은 춥지 않아서 좋았습니다.

② 体の調子が良くなくて休みました。 몸 상태가 좋지 않아서 쉬었습니다.

③ おいしくなくて残しました。 맛있지 않아서 남겼습니다.

단어 体の調子 몸 상태　残す 남기다

오늘의 퀴즈 정답

⇒ 良かったら食べてみてください。

지금 다나카 씨와 커피를 마시고 있습니다.

今、田中さんとコーヒーを飲んでいます。

결과 상태를 나타내는 「～ている」

동작이나 작용의 결과에 대한 상태가 그대로 지속되고 있음을 나타낸다. 구체적으로는 다음과 같다.

1) 주체의 상태 변화를 나타내는 동사 ＋ている

• おさいふが落ちている。 지갑이 떨어져있다.

지갑이 떨어졌다. 그 결과가 남아서 그대로인 상태이다.

落ちる　→　落ちている
（떨어졌다）　（떨어져있다）

• 花が咲いています。 꽃이 피었습니다.（피어져 있습니다.）

• ドアが開いています。 문이 열려 있습니다.

• 電気がついています。 불이 켜져 있습니다.

• 今日は晴れています。 오늘은 맑습니다.

단어 咲く〔동1〕 피다　開く〔동1〕 열리다　つく〔동1〕 켜지다, 붙다　晴れる〔동2〕 맑다

2) 착탈（着脱）을 나타내는 동사 ＋ている（복장에 대해 말하는 표현）

• 田中さんは白いズボンをはいている。 다나카 씨는 하얀 바지를 입었다.

아침에 바지를 입었다. 그 결과가 남아서 그대로인 상태이다.

はいた → はいている
（입었다）　（입은 상태. 입고 있다.）

- 田中さんはめがねを**かけています**。 다나카 씨는 안경을 쓰고 있습니다. (썼습니다.)
- 黒のコートを**着ています**。 검정색 코트를 입고 있습니다. (입었습니다.)
- 茶色のくつをはいています。 갈색 신발을 신고 있습니다. (신었습니다.)

단어 めがねをかける 안경을 쓰다　はく (아래서 입을 것을) 입다
- ズボンをはく 바지를 입다　· スカートをはく 치마를 입다　· くつをはく 신발을 신다

3) 위치 변화, 이동을 나타내는 동사 ＋ている

- パクさんは今日本に**行っています**。 박 씨는 지금 일본에 가 있습니다.

일본에 갔다. 지금도 그대로 일본에 있다.

行った → 行っている
(갔다)　　(가 있다)

- すずきさんは、今ソウルに**来ています**。 스즈키 씨는 지금 서울에 와 있습니다.
- 母は今、**出かけています**。 어머니는 지금 나가 있습니다. (외출중입니다.)
- 兄は家に**戻っています**。 형은 집에 돌아와 있습니다. (집에 있습니다.)

4) 유지를 나타내는 동사 ＋ている

- 木村さんは**結婚しています**。 기무라 씨는 결혼했습니다.

결혼했다. 지금도 그대로 같은 상태이다.

結婚した → 結婚婚している
(결혼했다)　 (결혼한 상태)

- パクさんは日本の大学を**卒業しています**。 박 씨는 일본 대학교를 졸업했습니다.
- 田中さんはまだ**入院しています**。 다나카 씨는 아직 입원해 있습니다. (입원 중입니다.)
- Ａ：田中さんの電話番号を**知っていますか**。 다나카 씨의 전화번호를 알고 있습니까? (압니까?)

　Ｂ：はい、**知っています**。 네, 압니다.

　Ｂ：いいえ、**知りません**。 아니요, 모릅니다.

TIP 「知る」의 형태에 주의!

	긍정		부정
○	知っています。압니다. 知っていますか。압니까?	○	知りません。모릅니다. 知りませんか。모릅니까?
×	知ります。 知りますか。	×	知っていません。 知っていませんか。

단어 卒業する〔동3〕졸업하다   入院する〔동3〕입원하다   電話番号 전화번호

제7과

おさらい

01

Clip

학습목표 / 학습내용 1~6과 **복습**

1. 문제 풀어보기

>>>> 연습문제 ──────────────────────────○

〔음성 문제〕

1. 음성을 듣고, 대답 표현이 올바른 것을 하나 고르시오.
    ①
    ②
    ③
    ④

2. 음성을 듣고, 대답 표현이 **틀린** 것을 하나 고르시오.
    ①
    ②
    ③
    ④

3. 음성을 듣고, 대답 표현이 **틀린** 것을 하나 고르시오.

①

②

③

④

〔객관식 문제〕

1. 밑줄 부분이 올바른 것을 하나 고르시오.

① 明日は遅らないでください。

② ここで写真をとれないでください。

③ 田中さんに言あないでください。

④ 前日の夜はご飯を食べないでください。

2. 다음 (   ) 안에 공통적으로 들어가는 말을 하나 고르시오.

> 木村：あのかばんは、田中さん（   ）ですか。
>
> 田中：いいえ、私（   ）じゃありません。すずきさん（   ）です。

① に

② の

③ が

④ も

3. 밑줄 부분이 올바른 것을 하나 고르시오.

① 家にキムさんが来たことがあります。

② 体重が減たことがあります。

③ 社長の部屋に入たことがあります。

④ 着物を着ったことがあります。

4. 올바른 표현을 하나 고르시오.

　① 映画_{えいが}はおもしろいでした。

　② 映画_{えいが}はおもしろいじゃないです。

　③ 映画_{えいが}はおもしろくなかったです。

　④ 映画_{えいが}はおもしろいじゃなかったです。

정답 및 해설

〔음성 문제〕

1. 음성을 듣고, 대답 표현이 올바른 것을 하나 고르시오.

> A：会話_{かいわ}の授業_{じゅぎょう}はどうでしたか。 회화 수업은 어땠어요?
>
> B：(　　　　　　　)

　① とてもおいしかったです。 아주 맛있었어요.

　② とても**おもしろいでした。 おもしろかったです**。 아주 재밌었어요.

　③ とても良_よかったです。 아주 좋았어요.

　④ とても**うれしいでした。 うれしかったです**。 아주 기뻤어요.

（정답）③

2. 음성을 듣고, 대답 표현이 <u>틀린</u> 것을 하나 고르시오.

> A：旅行_{りょこう}はどうでしたか。 여행은 어땠어요?
>
> B：(　　　　　　　)

　① 冷_{つめ}たくて、甘_{あま}かったです。 차갑고 달콤했어요.

　② 古_{ふる}くて、狭_{せま}かったです。 낡고 좁았어요.

　③ 優_{やさ}しくて、きれいでした。 다정하고 예뻤어요.

④ 暑くて、大変でした。더워서 힘들었어요.

（정답）④

3. 음성을 듣고, 대답 표현이 <u>틀린</u> 것을 하나 고르시오.

> A : 学校は遠いですか。학교는 멀어요?
> B : (   )

① いいえ、あまり遠くありません。아니요, 그다지 멀지 않습니다.

② いいえ、あまり遠くないです。아니요, 그다지 멀지 않습니다.

③ ~~いいえ、あまり遠いじゃないです。~~

④ いいえ、とても近いです。아니요, 아주 가깝습니다.

（정답）③

〔객관식 문제〕

4. 밑줄 부분이 올바른 것을 하나 고르시오.

① 明日は**遅れない**でください。내일은 늦지 말아주세요.

② ここで写真を**とらない**でください。여기서 사진을 찍지 말아주세요.

③ 田中さんに**言わない**でください。다나카 씨에게 말하지 말아주세요.

④ 前日の夜はご飯を<u>食べない</u>でください。전날 밤에는 밥을 먹지 말아주세요.

（정답）④

5. 다음 (   ) 안에 공통적으로 들어가는 말을 하나 고르시오.

> 木村 : あのかばんは、田中さん(**の**)ですか。
>   저 가방은 다나카 씨 것입니까?
> 田中 : いいえ、私(**の**)じゃありません。すずきさん(**の**)です。
>   아니요, 제 것이 아닙니다. 스즈키 씨 것입니다.

（정답）②

6. 밑줄 부분이 올바른 것을 하나 고르시오.

① 家にキムさんが<u>来た</u>ことがあります。 집에 김 씨가 온 적이 있습니다.

② 体重が**減った**ことがあります。 체중이 줄어든 적이 있습니다.

③ 社長の部屋に**入った**ことがあります。 사장님 방에 들어간 적이 있습니다.

④ 着物を**着た**ことがあります。 기모를 입은 적이 있습니다.

（정답）①

7. 올바른 표현을 하나 고르시오.

① 映画は**おもしろいでした。**— おもしろかったです。 영화는 재미있었어요.

② 映画は**おもしろいじゃないです。**—

③ 映画はおもしろくなかったです。 영화는 재미있지 않았어요.

④ 映画は**おもしろいじゃなかったです。**—

（정답）③

い형용사 과거형

〔い형용사 과거형〕

	긍정	부정
보통형	い + かった おいしかった 맛있었다	い + くなかった おいしくなかった 맛있지 않았다

정중형	い + かったです おいしかったです 맛있었습니다	い + くありませんでした おいしくありませんでした 맛있지 않았습니다 (い + くなかったです) (おいしくなかったです)

문형 い형용사い + かったです ～했습니다

① 映画はおもしろかったです。 영화는 재미있었습니다.

② 九州はとても暑かったです。 규슈는 아주 더웠습니다.

③ テストは難しかったですか。 시험은 어려웠습니까?

단어 九州 규슈　テスト 시험

문형 い형용사い + くありませんでした ～했습니다

① 日本のラーメンはおいしくありませんでした。 일본 라면은 맛이 없었습니다.

② 昨日はあまり寒くありませんでした。 어제는 그다지 춥지 않았습니다.

③ 駅からホテルまで遠くありませんでしたか。 역에서 호텔까지 멀지 않았습니까?

단어 ～から～まで ～에서 ～까지

〔い형용사 과거형 연습 문제〕

① 오늘은 아주 더웠습니다.

_____

② 어제 영화는 재미있었습니까?

_____

③ 그다지 맵지 않았습니다.

_____

④ A : 일본 여행은 어땠습니까?

_____

B : 아주 좋았습니다.

_____

⑤ A : 덥지 않았습니까?

_____

B : 그다지 덥지 않았습니다.

_____

단어 暑い 〔い형〕 덥다　おもしろい 〔い형〕 재미있다　辛い 〔い형〕 맵다

良い(いい) 〔い형〕 좋다

정답

① 今日はとても暑かったです。 오늘은 아주 더웠습니다.

② 昨日の映画はおもしろかったですか。 어제 영화는 재미있었습니까?

③ あまり辛くありませんでした。 그다지 맵지 않았습니다.

④ A : 日本旅行はどうでしたか。 일본 여행은 어땠습니까?

　B : とても良かったです。 아주 좋았습니다.

⑤ A : 暑くありませんでしたか。 덥지 않았습니까?

　B : それほど暑くありませんでした。 그다지 덥지 않았습니다.

な형용사 과거형

〔な형용사 과거형〕

	긍정	부정
보통형	な형용사＋だった しずかだった 조용했다	な형용사＋じゃなかった しずかじゃなかった 조용하지 않았다
정중형	な형용사＋でした しずかでした 조용했습니다	な형용사＋じゃありませんでした しずかじゃありませんでした 조용하지 않았습니다

문형 な형용사い＋でした ～했습니다

① 大丈夫でした。 괜찮았습니다.

② 店員さんが親切でした。 점원이 친절했습니다.

③ お元気でしたか。 잘 지냈어요?

문형 な형용사い＋じゃありませんでした ～하지 않았습니다

① あまり便利じゃありませんでした。 그다지 편리하지 않았습니다.

② 好きじゃありませんでした。 좋아하지 않았습니다.

③ 大変じゃありませんでした。 힘들지 않았습니까?

〔な형용사 과거형 연습 문제〕

① 어제 시험은 쉬웠습니다.

② 호텔 방은 깨끗했습니까?

_____

③ A : 다나카 씨는 건강했습니까? (잘 있었습니까?)

_____

B : 그다지 건강하지 않았습니다.

_____

단어 簡単 〔な형〕 간단함　ホテル 호텔　きれい 〔な형〕 깨끗함　元気 〔な형〕 건강함

정답

① 昨日の試験は簡単でした。 어제 시험은 쉬웠습니다.

② ホテルの部屋はきれいでしたか。 호텔 방은 깨끗했습니까?

③ A : 田中さんは元気でしたか。 다나카 씨는 건강했습니까? (잘 있었습니까?)

　 B : あまり元気じゃありませんでした。 그다지 건강하지 않았습니다.

にほんごのポイント 3

동사

동사를 그룹별로 확인해 봅시다.

1그룹 동사

書(か)く	쓰다	行(い)く	가다
働(はたら)く	일하다	聞(き)く	듣다
急(いそ)ぐ	서두르다	泳(およ)ぐ	수영하다
死(し)ぬ	죽다	遊(あそ)ぶ	놀다
呼(よ)ぶ	부르다	休(やす)む	쉬다

読(よ)む	읽다	飲(の)む	마시다
買(か)う	사다	会(あ)う	만나다
習(なら)う	배우다	吸(す)う	빨다, 피우다
手伝(てつだ)う	도와주다	もらう	받다, 얻다
持(も)つ	들다	待(ま)つ	기다리다
帰(かえ)る	돌아가다	入(はい)る	들어가다
降(ふ)る	(비, 눈이) 오다	ある	(물건이)있다
終(お)わる	끝나다	取(と)る	잡다, 들다
切(き)る	자르다	送(おく)る	보내다
知(し)る	알다	かかる	걸리다, 들다
曲(ま)がる	구부러지다, 돌다	話(はな)す	이야기하다
貸(か)す	빌려주다	出(だ)す	내다, 꺼내다
消(け)す	끄다, 지우다	上(あ)がる	올라가다
暮(く)らす	지내다, 살다	謝(あやま)る	사과하다
歩(ある)く	걷다	動(うご)く	움직이다
歌(うた)う	노래 부르다	写(うつ)す	그리다, 묘사하다
起(お)こす	일으키다	選(えら)ぶ	고르다
怒(おこ)る	화내다	笑(わら)う	웃다
押(お)す	밀다	踊(おど)る	춤추다
驚(おどろ)く	놀라다	思(おも)う	생각하다
折(お)る	접다	移(うつ)す	옮기다
泊(と)まる	묵다	去(さ)る	떠나다
登(のぼ)る	오르다	走(はし)る	달리다
通(かよ)う	다니다	横切(よこぎ)る	가로지르다
飛(と)ぶ	날다	渡(わた)る	건너다
着(つ)く	도착하다	戻(もど)る	되돌아가다
至(いた)る	도달하다	教(おそ)わる	가르침을 받다, 배우다
思(おも)い出(だ)す	생각나다	撮(と)る	(사진을) 찍다
間(ま)に合(あ)う	제시간에 가다(오다) 늦지 않다.	かぶる	(모자를) 쓰다
困(こま)る	곤란하다	答(こた)える	대답하다

2그룹 동사

食(た)べる	먹다	寝(ね)る	자다
起(お)きる	일어나다	借(か)りる	빌리다
見(み)る	보다	いる	(사람이)있다
教(おし)える	가르치다	あげる	주다
かける	걸다	迎(むか)える	맞다, 맞이하다
疲(つか)れる	피곤하다, 지치다	出(で)る	나가다, 나오다
見(み)せる	보여주다	つける	붙이다, 켜다
浴(あ)びる	(주목을)받다, (아침 햇살을) 쬐다	止(と)める	세우다, 멈추다, 고정시키다
開(あ)ける	열다	閉(し)める	닫다
足(た)りる	충분하다, 족하다	着(き)る	입다
入(い)れ替(か)える	교체하다	植(う)える	(나무를) 심다
生(う)まれる	태어나다	遅(おく)れる	늦다
覚(おぼ)える	외우다, 기억하다	降(お)りる	내리다
折(お)れる	접히다	離(はな)れる	(거리가 멀리) 떨어지다
届(とど)ける	전하다	上(あ)げる	올리다, 들다

3그룹 동사 (불규칙동사)

する	하다	来(く)る	오다
あいさつする	인사하다	安心(あんしん)する	안심하다
遠慮(えんりょ)する	사양하다	案内(あんない)する	안내하다
散歩(さんぽ)する	산책하다	招待(しょうたい)する	초대하다
合格(ごうかく)する	합격하다	失敗(しっぱい)する	실패하다
出席(しゅっせき)する	출석하다	出発(しゅっぱつ)する	출발하다
失礼(しつれい)する	실례하다	故障(こしょう)する	고장 나다
参加(さんか)する	참가하다	支度(したく)する	일을 준비하다
経験(けいけん)する	경험하다	コピーする	복사하다
質問(しつもん)する	질문하다	卒業(そつぎょう)する	졸업하다
入学(にゅうがく)する	입학하다	到着(とうちゃく)する	도착하다
入場(にゅうじょう)する	입장하다	退場(たいじょう)する	퇴장하다
達(たっ)する	도달하다	びっくりする	놀라다

Clip 02

학습목표 / 학습내용   1, 2, 3과에서 배운 문형 복습

>>> 1과 복습문제

① 저는 회사원입니다.

_____

② 일본 수도는 도쿄입니다.

_____

③ 화장실은 어디입니까?

_____

④ 이 책은 다나카 씨 것입니까?

_____

⑤ 그것은 나의 것이 아닙니다.

_____

⑥ 저 사람이 기무라 씨입니다.

_____

단어 会社員 $_{かいしゃいん}$ 회사원

정답

① 私$_{わたし}$は会社員$_{かいしゃいん}$です。 저는 회사원입니다.

② 日本$_{にほん}$の首都$_{しゅと}$は、東京$_{とうきょう}$です。 일본 수도는 도쿄입니다.

③ トイレは、どこですか。 화장실은 어디입니까?

④ この本$_{ほん}$は、田中$_{たなか}$さんのですか。 이 책은 다나카 씨 것입니까?

⑤ それは私$_{わたし}$のじゃありません。 그것은 나의 것이 아닙니다.

⑥ あの人$_{ひと}$が木村$_{きむら}$さんです。 저 사람이 기무라 씨입니다.

>>>> **2과 복습문제** ─────────────────────────○

① 저의 선생님은 조금 엄합니다. 하지만, 재미있는 선생님입니다.

_____

② 한국어는 어렵지 않습니까?

_____

③ 좋아하는 음식은 무엇입니까?

_____

④ 일은 힘들지 않습니까?

_____

⑤ 편의점이 가깝고 편리해요.

_____

⑥ 전철역 앞이어서 번화하고 즐겁습니다.

_____

단어 厳しい 〔い형〕 엄하다

정답

① 私の先生は少し厳しいです。でも、おもしろい先生です。
   저의 선생님은 조금 엄합니다. 하지만, 재미있는 선생님입니다.
② 韓国語は、難しくありませんか。 한국어는 어렵지 않습니까?
③ 好きな食べ物は何ですか。 좋아하는 음식은 무엇입니까?
④ 仕事は、大変じゃありませんか。 일은 힘들지 않습니까?
⑤ コンビニが近くて便利ですよ。 편의점이 가깝고 편리해요.
⑥ 駅前なので、にぎやかで楽しいです。 전철역 앞이어서 번화하고 즐겁습니다.

>>>> 3과 복습문제

① 매일 아침 7시에 일어납니다.

_____

② 근처에 맛있는 커피숍이 있는데요, 다음에 같이 가지 않을래요?

_____

③ 언제 갈까요?

_____

④ 감자를 깨끗이 씻습니다.

_____

⑤ 감자와 고기를 작게 자릅니다.

_____

⑥ 조금 더 잘게 자릅시다.

_____

단어 近所 근처　起きる〔동2〕일어나다　おいしい〔い형〕맛있다　コーヒーショップ 커피숍
今度 다음 번에　じゃがいも 감자　洗う〔동1〕씻다　お肉 고기

정답

① 毎朝7時に起きます。 매일 아침 7시에 일어납니다.
② 近所においしいコーヒーショップがあるんですけど、今度一緒に行きませんか。
　근처에 맛있는 커피숍이 있는데요, 다음에 같이 가지 않을래요?
③ いつ行きましょうか。 언제 갈까요?
④ じゃがいもをきれいに洗います。 감자를 깨끗이 씻습니다.
⑤ じゃがいもとお肉を小さく切ります。 감자와 고기를 작게 자릅니다.
⑥ もう少し細かく切りましょう。 조금 더 잘게 자릅시다.

Clip 03

학습목표 / 학습내용   4, 5, 6과에서 배운 문형 복습

>>>> 4과 복습문제 ───────────○

① 아침 7시에 일어났습니다.

_____

② 낫토를 먹은 적이 있어요?

_____

③ 아주 맛있었어요.

_____

④ 집에서 책을 읽거나 TV를 보곤 했습니다.

_____

⑤ 병원에 가는 편이 좋아요.

_____

⑥ 내일은 아침 9시에 오지 않으면 안 됩니다.

_____

정답

① 朝7時に起きました。 아침 7시에 일어났습니다.

② なっとうを食べたことがありますか。 낫토를 먹은 적이 있어요?

③ とてもおいしかったです。 아주 맛있었어요.

④ 家で本を読んだり、テレビを見たりしました。 집에서 책을 읽거나 TV를 보곤 했습니다.

⑤ 病院に行った方がいいですよ。 병원에 가는 편이 좋아요.

⑥ 明日は朝9時に来なければなりません。 내일은 아침 9시에 오지 않으면 안 됩니다.

>>>> 5과 복습문제 ────────────────────────○

① 많이 드세요.

_____

② 복사를 부탁해도 될까요?

_____

③ 영화를 보고 나서 저녁을 같이 먹지 않을래요?

_____

④ 창문을 열지 마세요.

_____

⑤ 점심은 먹고 왔습니다.

_____

① たくさん食べてください。 많이 드세요.

② コピーをお願いしてもいいですか。 복사를 부탁해도 될까요?

③ 映画を見てから、夜ご飯を一緒に食べませんか。 영화를 보고 나서 저녁을 같이 먹지 않을래요?

④ まどを開けないでください。 창문을 열지 마세요.

⑤ お昼は食べてきました。 점심은 먹고 왔습니다.

>>>> 6과 복습문제

① JLPT에 합격해서 기뻤습니다.

_____

② 눈 때문에 길이 막힙니다.

_____

③ 빨간 우선을 쓰고 있는 사람이 기무라 씨입니다.

_____

④ 이 신발을 신어봐도 됩니까?

_____

⑤ 어제는 과음해 버렸습니다.

_____

⑥ 별로 맵지 않아서 맛있습니다.

_____

단어 雪 눈 赤い 빨간 かさをさす 우산을 쓰다 飲み過ぎる 과음하다

정답

① JLPTに合格して、うれしかったです。 JLPT에 합격해서 기뻤습니다.

② 雪で道が混んでいます。 눈 때문에 길이 막힙니다.

③ 赤いかさをさしている人が木村さんです。 빨간 우선을 쓰고 있는 사람이 기무라 씨입니다.

④ このくつをはいてみてもいいですか。 이 신발을 신어봐도 됩니까?

⑤ 昨日は飲み過ぎてしまいました。 어제는 과음해 버렸습니다.

⑥ あまり辛くなくて、おいしいです。 별로 맵지 않아서 맛있습니다.

학습정리문제(H5P)

문제 1 '그다지 덥지 않았습니다.'를 일본어로 할 때, 올바른 표현을 하나 고르시오.

　　　① それほど暑くないでした。

　　　② それほど暑くありませんでした。

　　　③ それほど暑いじゃありませんでした。

문제 2 '깨끗하지 않았습니다.'를 일본어로 할 때, 올바른 표현을 하나 고르시오.

　　　① きれいくなかったです。

　　　② きれいじゃないでした。

　　　③ きれいじゃありませんでした。

기초 다지기

어떻게 표현해야 할까요? YouTube로 확인하세요!

YouTube

안부 좀 전해 주세요.　　　「よろしくお伝えください。」

얼마에요?　　　　　　　　「おいくらですか。」

맛있어요.　　　　　　　　「おいしいです。」

잠시만 기다려 주세요.　　「ちょっと待ってください。」

화장실은 어디에요?　　　「トイレは、どこですか。」「お手洗いは、どこですか。」

몸조리 잘하세요.　　　　「お大事に。」

YouTube

「どうぞ。」 앉으세요.

드세요.

먼저 들어가세요.

「どうも。」 고맙습니다.

>>>> 일본 여행에서 꼭 필요한 표현

공항편

YouTube

すみません。	죄송합니다. 감사합니다. 저기요.‥
ご親切(しんせつ)にありがとうございます。	친절하게 감사합니다.
荷物(にもつ)がありません。	짐이 없어요.
駅(えき)は、どこですか。	역은 어디에요?
きっぷをなくしてしまいました。	표를 잃어버렸어요.
この電車(でんしゃ)は○○へ行きますか。	이 전차는 ~에 갑니까?
タクシー乗(の)り場(ば)は、どこですか。	택시 승강장은 어디에요?

YouTube

チェックインをお願いします。

체크인을 부탁합니다.

ワイファイは、ありますか。

와이파이는 있나요?

朝食は何時から何時までですか。

조식은 몇시부터 몇시까지인가요?

荷物を預かってもらってもいいですか。

짐을 맡겨도 될까요?

大浴場は、どこですか。

대욕장은 어디에요?

近くにコンビニがありますか。

근처에 편의점이 있나요?

おすすめのお店は、ありますか。

추천하는 가게는 있나요?

空港へ行くシャトルバスは、どこで乗れますか。 공항에 가는 셔틀 버스는 어디서 탈 수 있나요?

YouTube

ここで写真をとってもいいですか。 여기서 사진을 찍어도 될까요?

写真をとってもらえますか。 사진 좀 찍어 주시겠어요?

○○に行きたいんですが、どう行けばいいですか。 ~에 가고 싶은데요, 어떻게 가면 되나요?

こっちの方向で合っていますか。 이쪽 방향 맞나요?

○○駅まで行きたいんですが、どの電車に乗ればいいですか。

~역까지 가고 싶은데요, 어느 전차를 타면 되나요?

ごみばこは、どこですか。 쓰레기통은 어디에요?

日本語で何と言いますか。 일본어로 뭐라고 하나요?

YouTube

お水ください。 물 좀 주세요.

おすすめは何ですか。 추천 (메뉴)는 뭐에요?

これは何ですか。 이건 뭐에요?

これ、ください。 이것 주세요.

スプーンありますか。 숟가락 있나요?

お会計、お願いします。 계산해 주세요.

クレジットカードを使えますか。 신용카드를 사용할 수 있나요?

YouTube

これ、ここで買えますか。	이것 여기서 살 수 있나요?
どれが人気ですか。	어느 것이 인기 있나요?
これは売り切れですか。	이건 품절인가요?
他の色はありますか。	다른 색은 있나요?
試着してもいいですか。	입어봐도 되나요?
もう少し大きいのはありますか。	조금 더 큰 것 있나요?
これは、いくらですか。	이건 얼마에요?

제9과

ドアを開けます。

01 Clip

학습목표 / 학습내용 자동사와 타동사

1. 자동사(自動詞)와 타동사(他動詞)
2. 자동사(自動詞)
3. 타동사(他動詞)

오늘의 퀴즈

'문이 열립니다.'는 일본어로 뭐라고 할까요?

>>>> 학습하기

단어 익히기

☐ チケット	티켓
☐ 本当 <small>ほんとう</small>	정말
☐ 落とす <small>お</small>	〔타〕떨어뜨리다
☐ 落ちる <small>お</small>	〔자〕떨어지다
☐ 道 <small>みち</small>	길

☐ 白い　　　　　　　　　　하얀

☐ 紙　　　　　　　　　　　종이

☐ 探す　　　　　　　　　　찾다

☐ 多分　　　　　　　　　　아마도

☐ 走る　　　　　　　　　　뛰다

오늘의 회화

山田　あれ、チケットがない！

田中　え、本当ですか?

山田　はい。どこで落としたんだろう。

田中　そういえば、さっき道に白い紙が落ちているのを見ました。

山田　本当ですか。

田中　はい。一緒に探してみましょう。

山田　あ、あれかな。あそこの道に落ちている白いの。

田中　そうですね！多分、チケットですね。走りましょう。

야마다 : 어라, 티켓이 없어！

다나카 : 어, 정말이에요?

야마다 : 네, 어디서 떨어뜨린걸까.

다나카 : 그러고 보니, 아까 길에 흰 종이가 떨어져 있는 것을 보았어요.

야마다 : 정말이에요?

다나카 : 네, 같이 찾아봅시다.

야마다 : 앗, 저것인가. 저기 길에 떨어져 있는 하얀 것이요.

다나카 : 그러네요. 아마 티켓이네요. 뜁시다.

01

자동사와 타동사

開く / 開ける

자동사 : ドアが開きます。 문이 열립니다.

타동사 : ドアを開けます。 문을 엽니다.

☑ 자동사와 타동사

자동사 : 동작이나 상태가 <u>저절로 일어나는 것</u>을 나타냄.

타동사 : <u>동작의 대상이 있다는 것</u>을 나타냄.

02

자동사

① 雨が降ります。 비가 내립니다.

② 花が咲きました。 꽃이 피었습니다.

③ 猫が寝ています。 고양이가 자고 있습니다.

④ おさいふが落ちています。 지갑이 떨어져있습니다.

☑ 자동사

降る（비가）내리다

咲く 피다

寝る 자다

落ちる 떨어지다

03

타동사

① かさを**さします**。 우산을 씁니다.

② 花を**植えます**。 꽃을 심습니다.

③ 窓を**閉めます**。 창문을 닫습니다.

④ 本を**読みます**。 책을 읽습니다.

☑ **타동사**

さす （우산을）쓰다

植える 심다

閉める 닫다

読む 읽다

정리하기

1) **자동사**

① 犬が走っています。 강아지가 달리고 있습니다.

② 人が集まっています。 사람이 모여 있습니다.

③ 音楽が聞こえます。 음악이 들립니다.

단어 走る 달리다　集まる 모이다　聞こえる 들리다

2) 타동사

① 音楽を聴きます。 음악을 듣습니다.

② 手紙を書きます。 편지를 씁니다.

③ 時計を修理します。 시계를 수리합니다.

단어 聴く 듣다　書く 쓰다　修理する 수리하다

(오늘의 퀴즈 정답) ─────────────────────────────

⇒ ドアが開きます。

にほんごのポイント

Q

聞くと 聴くは 어떻게 다르나요?

A

언밀히 말하면 聞くと 소리가 자연스럽게 귀에 들어오는 것을 말하며, 聴くと 講義を聴く(강의를 듣다)와 같이 적극적으로 귀를 기울이는 것을 말합니다.

예를 들어, 音楽をきく(음악을 듣다) 의　경우, 음악이 자연스럽게 귀에 들어와 있는 상태라면 音楽を聞く, 음악에 주의해서 귀를 기울이고 있는 경우에는 音楽を聴く 라고 표현을 합니다. 단, 어느 쪽이든 音楽を聞く라고 써도 문제가 없습니다.

Clip 02

[학습목표 / 학습내용] 쌍을 이루는 자동사와 타동사(1)

1. 일상생활에서 자주 쓰이는 자동사와 타동사

[오늘의 퀴즈]

'제대로 문이 안 닫혀요.'는 일본어로 뭐라고 할까요?

>>>> 학습하기 ⚯

단어 익히기

□ 暗_{くら}い   어둡다

□ 電気_{でんき}をつける   〔타〕불을 켜다

□ 電気_{でんき}がつく   〔자〕불이 켜지다

□ 電気_{でんき}を消_けす   〔타〕불을 끄다

□ 電気_{でんき}が消_きえる   〔자〕불이 꺼지다

□ ドアを閉_しめる   〔타〕문을 닫다

☐ ドアが閉まる〔し〕 〔자〕 문이 닫히다

☐ おかしい 이상하다

☐ とりあえず 일단

☐ ちゃんと 제대로(きちんと)

山田 ちょっと暗いですね。電気をつけましょうか。

田中 はい、つけてください。

山田 あれ、つきませんね。

田中 電気がつかないんですか。

山田 はい。あ、つきました。

（잠시 후）

田中 あれ、また消えてしまいましたね。

山田 おかしいですね。

田中 本当ですね。とりあえずドアを閉めてください。

山田 はい。あれ、ちゃんとドアが閉まりません。

야마다 : 좀 어둡네요. 불을 켤까요?
다나카 : 네, 켜주세요.
야마다 : 어, 켜지지 않네요.
다나카 : 전기가 안 들어오나요?
야마다 : 네. 아, 켜졌어요.

（잠시 후）

다나카 : 어, 또 꺼져버렸네요.

야마다 : 이상하네요.

다나카 : 정말이네요. 일단 문을 닫아주세요.

야마다 : 네. 어, 제대로 문이 안 닫혀요.

01

쌍을 이루는 자동사와 타동사(1)

動く / 動かす

　　자동사 : 車が**動きました**。 차가 움직였습니다.

　　타동사 : 車を**動かします**。 차를 움직입니다.

落ちる　/ 落とす

　　자동사 : 葉っぱが**落ちています**。 나뭇잎이 떨어져 있습니다.

　　타동사 : 葉っぱを**落とします**。 나뭇잎을 떨어뜨립니다.

☑ 쌍을 이루는 자동사와 타동사

JLPT N5, N4

自動詞	他動詞
開く 열리다	開ける 열다
動く 움직이다	動かす 움직이게 하다
落ちる 떨어지다	落とす 떨어뜨리다

消_きえる 꺼지다	消_けす 끄다
閉_しまる 닫히다	閉_しめる 닫다
起_おきる 일어나다	起_おこす 일으키다
切_きれる 끊어지다	切_きる 자르다

- 消_きえる / 消_けす

  自動詞：電気_{でんき}が消_きえました。 불이 꺼졌습니다.

  他動詞：電気_{でんき}を消_けします。 불을 끕니다.

- 閉_しまる / 閉_しめる

  自動詞：窓_{まど}が閉_しまります。 창문이 닫힙니다.

  他動詞：窓_{まど}を閉_しめます。 창문을 닫습니다.

- 起_おきる / 起_おこす

  自動詞：毎朝_{まいあさ}6時_じに起_おきます。 매일 아침 6시에 일어납니다.

  他動詞：子供_{こども}を起_おこします。 아이를 깨웁니다.

- 切_きれる / 切_きる

  自動詞：ロープが切_きれました。 밧줄이 끊어졌습니다.

  他動詞：ロープを切_きります。 밧줄을 자릅니다.

1) 쌍을 이루는 자동사와 타동사

① ドアが開きました。 문이 열렸습니다.

② ドアを開けました。 문을 열었습니다.

③ ドアが閉まりました。 문이 닫혔습니다.

④ ドアを閉めました。 문을 닫았습니다.

오늘의 퀴즈 정답

⇒ ちゃんとドアが閉まりません。

03 Clip

쌍을 이루는 자동사와 타동사(2)

1. 일상생활에서 자주 쓰이는 자동사와 타동사

오늘의 퀴즈

'운동을 시작해 보시면 어때요?'는 일본어로 뭐라고 할까요?

>>>> 학습하기 ─────────────────────○

단어 익히기

□ 最近(さいきん)　　　　　　　최근, 요즘

□ 体重(たいじゅう)　　　　　　체중

□ 増(ふ)える　　　　　　　　〔자〕늘다

□ 減(へ)る　　　　　　　　　〔자〕줄다

□ ～気(き)がする　　　　　～생각이 들다. ～것 같다.

□ 運動(うんどう)　　　　　　운동

제9과 ドアを開けます。 **219**

□ 始める 〔타〕 시작하다

□ ～てみたらどうですか? ～해보시면 어때요?

□ 毎朝 매일 아침

□ ジョギング 조깅

□ おかげで 덕분에

□ ～後に ～후에

□ 今夜 오늘 밤

□ がんばる 분발하다

오늘의 회화

キム 最近、体重が増えた気がするんですよ。

田中 運動を始めてみたらどうですか?

キム 田中さんは、何か運動をしていますか。

田中 私は毎朝ジョギングをしています。おかげで体重が減りました。

キム それは、いいですね。でも、朝は時間がないんですよ。

田中 じゃあ、夜にしてみたらどうですか?仕事が終わった後に、運動をするのはいいことですよ。

キム そうですね。今夜から始めてみます。

田中 がんばってください。

김 : 요즘 몸무게가 늘어난 것 같아요.

다나카 : 운동을 시작해 보시면 어때요?

김 : 다나카 씨는 뭔가 운동을 하고 있습니까?

다나카 : 저는 매일 아침 조깅을 하고 있습니다. 덕분에 체중이 줄었어요.

김 : 그거 좋네요. 그런데 아침에는 시간이 없거든요.

다나카 : 그럼 밤에 해보시면 어때요? 일이 끝난 후에 운동을 하는 것은 좋은 일이에요.

김 : 그렇죠. 오늘 밤부터 시작해볼게요.

다나카 : 힘내세요.

문형 학습하기

01

쌍을 이루는 자동사와 타동사(2)

変わる（かわる）/ 変える（かえる）

　자동사 : 色が変わります。 색이 변합니다.

　타동사 : 色を変えます。 색을 변화시킵니다.

決まる（きまる）/ 決める（きめる）

　자동사 : 試合の日程が決まりました。 경기 일정이 정해졌습니다.

　타동사 : 試合の日程を決めます。 경기 일정을 정합니다.

始まる（はじまる）/ 始める（はじめる）

　자동사 : 授業が始まります。 수업이 시작됩니다.

　타동사 : 授業を始めます。 수업을 시작합니다.

☑ 쌍을 이루는 자동사와 타동사

JLPT N5, N4

自動詞	他動詞
変わる 변하다	変える 변화시키다
決まる 정해지다	決める 정하다
始まる 시작되다	始める 시작하다
止まる 멈추다	止める 멈추게 하다
増える 늘다	増やす 늘리다
減る 줄다	減らす 줄이다
入る 들어가다	入れる 넣다
出る 나가다	出す 내다, 꺼내다

- 止まる / 止める

　　自動詞 : 電車が止まりました。 전철이 멈췄습니다.

　　他動詞 : 電車を止めます。 전철을 멈춥니다.

- 増える / 増やす

　　自動詞 : 貯金が増えました。 저금이 늘었습니다.

　　他動詞 : 貯金を増やします。 저금을 늘립니다.

- 減る / 減らす

　　自動詞 : 体重が減りました。 체중이 줄었습니다.

　　他動詞 : 体重を減らします。 체중을 줄입니다.

• 入る / 入れる

　自動詞：かばんに本が**入ります**。 가방에 책이 들어갑니다.

　他動詞：かばんに本を**入れます**。 가방에 책을 넣습니다.

• 出る / 出す

　自動詞：家から**出ます**。 집에서 나갑니다.

　他動詞：手紙を**出します**。 편지를 냅니다.

정리하기

1) 쌍을 이루는 자동사와 타동사

　① 旅行の日程が決まりました。 여행 일정이 정해졌습니다.
　② 旅行の日程を決めました。 여행 일정을 정했습니다.
　③ ねこがはこから出ます。 고양이가 상자에서 나옵니다.
　④ ねこをはこから出します。 고양이를 상자에서 꺼냅니다.

　단어 はこ 상자

[오늘의 퀴즈 정답]

⇒ 運動を始めてみたらどうですか?

학습정리문제(H5P)

여행 일정이 정해졌습니다.

旅行の日程が決まりました。

すぐに良くなりました。

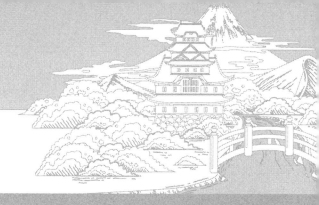

Clip 01

학습목표 / 학습내용 **변화 표현 い형용사＋なる**

1. 문형 い형용사＋くなる ～해지다

오늘의 퀴즈

'다음 주부터 바빠지거든요.' 는 일본어로 뭐라고 할까요?

>>>> 학습하기 ─────────────────○

단어 익히기

☐ かぜ	감기
☐ もう	이제
☐ 薬<ruby>くすり</ruby>	약
☐ すぐに	금방
☐ 韓国料理<ruby>かんこくりょうり</ruby>	한국요리
☐ 午後<ruby>ごご</ruby>	오후

□ 午前（ごぜん）　　　　　　　　　　오전

□ 空く（あく）　　　　　　　　　　비다

山田（やまだ）	パクさん。かぜはもう大丈夫（だいじょうぶ）ですか。
パク	はい。薬（くすり）のおかげで、すぐに良（よ）くなりました。
山田（やまだ）	それは良（よ）かったですね。
パク	はい。おかげさまで。
山田（やまだ）	木村（きむら）さんと韓国料理（かんこくりょうり）を食（た）べに行（い）くんですけど、パクさんも一緒（いっしょ）に行（い）きませんか。
パク	いいですね。いつですか。
山田（やまだ）	来週（らいしゅう）の月曜日（げつようび）です。月曜日（げつようび）の午後（ごご）、空（あ）いていますか。
パク	月曜日（げつようび）は、ちょっと。来週（らいしゅう）から忙（いそが）しくなるんです。

야마다 : 재원 씨 감기는 이제 괜찮으세요?
박재원 : 네. 약 덕분에 금방 좋아졌어요.
야마다 : 그것은 다행이네요.
박재원 : 네. 덕분에요.
야마다 : 기무라 씨랑 한국 음식을 먹으러 갈 건데, 재원 씨도 같이 가지 않으실래요?
박재원 : 좋아요. 언제인가요?
야마다 : 다음 주 월요일이요. 월요일 오후 시간 되세요?
박재원 : 월요일은 좀. (안될 것 같아요.) 다음 주부터 바빠지거든요

01

문형 い형용사＋くなる 〜해지다.

① 손님 : これは、おいくらですか。이것은 얼마입니까?

점원 : そちらは、少しお値段が高くなります。그쪽은 조금 가격이 높아집니다.

② A : 月曜日の午後、空いていますか。월요일 오후, 시간 괜찮아요? (시간 되요?)

B : 月曜日は、ちょっと。来週から忙しくなるんです。

월요일은, 좀. 다음 주부터 바빠지거든요.

단어 おいくらですか。얼마에요?   お値段 가격   空く〔동1〕비다

TIP 空いていますか。

예 明日は、空いていますか。내일은 시간 되요?

예 席、空いていますか。자리 비어 있어요?

☑ **い형용사い＋くなる 〜해지다.**

'なる'는 '되다'라는 뜻이다. 형용사에 'なる'를 붙이면 '〜해지다'와 같은 변화 표현을 만들 수 있다. 이 때 い형용사는 어미 'い'를 떼고 'く'로 바꿔서 'なる'를 붙여야 한다.

熱い 뜨겁다 → 熱い＋くなる → 熱くなる 뜨거워지다

- 水が熱くなる。물이 뜨거워지다.

- 水が熱くなります。물이 뜨거워집니다.

- 水が熱くなった。물이 뜨거워졌다.

- 水が熱くなりました。물이 뜨거워졌습니다.

- 水が熱くならない。물이 뜨거워지지 않는다.

- 水が熱くなりません。물이 뜨거워지지 않습니다.

제10과 すぐに良くなりました。**229**

- 水が熱くならなかった。 물이 뜨거워지지 않았다.

- 水が熱くなりませんでした。 물이 뜨거워지지 않았습니다.

〔활용 연습〕

大きい 크다   → 大きくなる 커지다

小さい 작다   → 小さくなる 작아지다

暑い 덥다   → 暑くなる 더워지다

難しい 어렵   → 難しくなる 어려워지다

- お子さん、大きくなりましたね。 자녀분, 많이 크셨네요.

- 最近、暑くなりましたね。 요즘 더웠졌네요.

- 目が少し赤くなっているよ。 だいじょうぶ？ 눈이 조금 빨개져 있어. 괜찮아?

TIP 赤い → 赤い＋くなる → 赤くなる 빨개지다

　　　　赤くなる ＋ ている → 赤くなっている 빨개져 있다

☑ **いい 좋다 → よくなる 좋아지다**

いい 좋다 → いい＋くなる → ✕いくなる／◯よくなる（良くなる）좋아지다

Ａ：病院の薬のおかげで、すぐに良くなりました。 병원 약 덕분에 바로 좋아졌어요.

Ｂ：それは良かったですね。 그건 다행이네요.

정리하기

1) 문형 い형용사＋くなる ～해지다

① 最近、忙しくなりました。 요즘 바빠졌습니다.

② 調子が良くなりました。 상태가 좋아졌습니다.

③ 家から近くなりました。 집에서 가까워졌습니다.

단어 調子が良い 상태가 좋다

⇒ 来週から忙しくなるんです。

Clip 02

학습목표 / 학습내용 **변화 표현 な형용사 / 명사＋なる**

1. 문형 な형용사＋になる   ～해지다.
2. 문형 명사＋になる   ～가/이 되다

오늘의 퀴즈

'점점 어려워지고 있어요.'는 일본어로 뭐라고 할까요?

>>> 학습하기

단어 익히기

☐ 上手 (じょうず)   〔な형〕능숙함

☐ まだまだ   * 아직도(멀었어요.)

☐ だんだん   점점

☐ 難しい (むずか)   〔い형〕어렵다

☐ どんな   어떤

☐ ところ　　　　　　　　　　　　곳, 점

☐ 動詞（どうし）　　　　　　　　동사

☐ 複雑（ふくざつ）　　　　　　　〔な형〕복잡함

☐ いろいろ　　　　　　　　　　　〔な형〕여러 가지

☐ 教える（おしえる）　　　　　　〔동2〕가르치다

* 「まだまだ」는 기대하는 목표의 수준이 높은데 반해 지금의 수준이 낮고 목표까지의 길이 멀다고 느낄 때 자주 사용한다.

오늘의 회화

パク	木村（きむら）さん、韓国語（かんこくご）は上手（じょうず）になりましたか。
木村（きむら）	いえ、まだまだです。だんだん難（むずか）しくなってきました。
パク	そうですか。どんなところが難（むずか）しいですか。
木村（きむら）	動詞（どうし）のところから、だんだん複雑（ふくざつ）になってきました。
パク	そうですか。
木村（きむら）	パクさんは、日本語（にほんご）が上手（じょうず）になりましたね。
パク	私（わたし）もまだまだです。明日（あした）一緒（いっしょ）に勉強（べんきょう）しましょうか。
木村（きむら）	そうですね。いろいろ教（おし）えて下（くだ）さい。

박재원 : 기무라 씨 한국어는 능숙해졌나요?
기무라 : 아니요. 아직 멀었어요. 점점 어려워지고 있어요.
박재원 : 그러시군요. 어떤 점이 어렵나요?
기무라 : 동사 부분부터 점점 복잡해지기 시작했어요.

박재원 : 그러시군요.

기무라 : 재원 씨는 일본어가 능숙해졌네요.

박재원 : 저도 아직 멀었어요. 내일 같이 공부할까요?

기무라 : 좋아요. 여러가지 가르쳐주세요.

문형 학습하기

01

> ### 문형　な형용사＋になる ～해지다.
>
> ① 運動を始めて、体がじょうぶになりました。 운동을 시작해서 몸이 튼튼해졌습니다.
>
> ② 日本語がずいぶん上手になりましたね。 일본어가 매우 능숙해졌네요.
>
> ③ 日本のアニメを見て、日本語が好きになりました。
>
>   일본 애니메이션을 보고, 일본어를 좋아하게 되었습니다.
>
> ④ 子供が生まれて、にぎやかになりました。 아이가 태어나서 시끌벅적해졌습니다.
>
> **단어**　運動 운동　始める 〔동2〕시작하다　じょうぶ 〔な형〕튼튼하다
>
>   ずいぶん 꽤, 아주　アニメ 애니메이션　生まれる 〔동2〕태어나다
>
>   にぎやか 〔な형〕변화하다, 떠들썩하다

☑ **な형용사＋になる ～해지다.**

な형용사의 변화 표현은 な형용사 다음에 'に'를 붙이고 나서 'なる'를 붙인다.

きれい 깨끗하다 → きれい＋になる → きれいになる 깨끗해지다

- 部屋がきれいになる。 방이 깨끗해지다.

- 部屋がきれいになります。 방이 깨끗해집니다.

- 部屋がきれいになった。 방이 깨끗해졌다.

- 部屋がきれいになりました。 방이 깨끗해졌습니다.

- 部屋がきれいにならない。 방이 깨끗해지지 않는다.

- 部屋がきれいになりません。 방이 깨끗해지지 않습니다.

- 部屋がきれいにならなかった。 방이 깨끗해지지 않았다.

- 部屋がきれいになりませんでした。 방이 깨끗해지지 않았습니다.

〔활용 연습〕

静か 조용하다　　　→ 静かになる 조용해지다

にぎやか 번화하다 → にぎやかになる 번화해지다

有名 유명하다　　　→ 有名になる 유명해지다

문형　형용사+なってきました ～해지고 있습니다. ～해지기 시작했습니다.

A : 韓国語の勉強は、どうですか。 한국어 공부는 어때요?

B : だんだん難しくなってきました。 점점 어려워지고 있어요. (어려워지기 시작했어요.)

단어 だんだん 점점

☑ **なってくる**

　'なる 되다'에 'てくる ～하고 오다, ～해 오다'를 합친 'なってくる'를 형용사에 붙이면 '～해지고 있다, ～해지기 시작했다'라는 뜻이 된다.

☑ **い형용사い＋くなる＋てくる**

　→ **い형용사い＋くなってくる ～해지고 있다, ～해지기 시작했다**

- おもしろい　　→ おもしろくなってきました。
　재미있다　　　　　재미있어지고 있습니다. 재미있어지기 시작했습니다.

☑ **な형용사＋になる＋てくる**

→ **な형용사＋になってくる ～해지고 있다,～해지기 시작했다**

- 複雑 → どんどん複雑になってきました。 갈수록 복잡해지고 있습니다.

  복잡함 　　　　　　　　　　　　　　　　　　　（복잡해지기 시작했습니다.）

　단어 どんどん 자꾸, 갈수록

　TIP 변화를 나타내는 부사

- どんどん 자꾸, 갈수록

- だんだん 점점

- 少しずつ 조금씩

- 見る見るうちに 금세

- ますます 더욱더

03

문형　명사+になる ～가/이 되다

① 息子が今年で10歳になりました。 아들이 올해로 10살이 되었습니다.

② あと10分で5時になります。 앞으로 10분이면 5시가 됩니다.

③ 夏になって、日が長くなりました。 여름이 되고, 해가 길어졌습니다.

단어 息子 아들　～歳 ～살, ～세　夏 여름　日が長い 해가 길다　日が短い 해가 짧다

☑ **명사＋になる ～가/이 되다**

- スチュワーデスになる。 스튜어디스가 되다.

- スチュワーデスになります。 스튜어디스가 됩니다 .

- スチュワーデスに**なった**。 스튜어디스가 되었다.

- スチュワーデスに**なりました**。 스튜어디스가 되었습니다.

- スチュワーデスに**ならない**。 스튜어디스가 되지 않는다.

- スチュワーデスに**なりません**。 스튜어디스가 되지 않습니다.

- スチュワーデスに**ならなかった**。 스튜어디스가 되지 않았다.

- スチュワーデスに**なりませんでした**。 스튜어디스가 되지 않았습니다.

정리하기

1) **문형 な형용사＋になる ～해지다, ～하게 되다**

① 日本語が上手になりました。 일본어가 능숙해졌습니다.

② きれいになりました。 깨끗해졌습니다.

③ 好きになりました。 좋아하게 되었습니다.

2) **문형 명사＋になる ～이/가 되다**

① 明日は休みになりました。 내일은 쉬는 날이 되었습니다.

② 3時になりました。 3시가 되었습니다.

③ 大学生になりました。 대학생이 되었습니다.

오늘의 퀴즈 정답

⇒ だんだん難しくなってきました。

Clip 03

학습목표 / 학습내용   ～と～なる

1. 문형 동사 보통형＋と、 ～(い형용사)い~くなる ～하면 ～해지다
2. 문형 동사 보통형＋と、 ～(な형용사)になる ～하면 ～해지다

오늘의 퀴즈

'소금을 넣으면 맛있어집니다.' 는 일본어로 뭐라고 할까요?

>>>> 학습하기 ─────────────────────────○

단어 익히기

☐ 冷める   〔동2〕 식다

☐ ～うちに   ～사이에

☐ 味   맛

☐ うすい   〔い형〕 연하다, 싱겁다

☐ こい   〔い형〕 진하다

□ 塩 （しお）　　　　　　　　소금

□ さっき　　　　　　　　　아까

□ ～よりも　　　　　　　　～보다도

□ ずっと　　　　　　　　　훨씬

□ 温かいもの （あたたかいもの）　　따뜻한 것

□ 元気 （げんき）　　　　　〔な형〕힘이남

오늘의 회화

（수프를 먹으면서）

パク　　冷めないうちに、どうぞ。

山田　　はい、いただきます。

（잠시 후）

パク　　味はどうですか。

山田　　おいしいんですけど、少し味がうすいです。

パク　　そうですか。塩を少し入れると、味がこくなりますよ。

（수프에 소금을 조금 더 넣고 먹어본 후）

山田　　さっきよりも、ずっとおいしくなりました。

パク　　それは良かったです。

山田　　温かいものを食べると、元気になりますね。

(수프를 먹으면서)

박재원 : 식기 전에 드세요.

야마다 : 네, 잘 먹겠습니다.

(잠시 후)

박재원 : 맛은 어때요?

야마다 : 맛있는데, 좀 맛이 싱거워요.

박재원 : 그러시군요. 소금을 조금 넣으면 맛이 진해질 거에요.

(수프에 소금을 조금 더 넣고 먹어본 후)

야마다 : 아까보다도 훨씬 맛있어졌어요.

박재원 : 그건 다행이에요.

야마다 : 따뜻한 걸 먹으니, 힘이 나네요.

문형 학습하기

01

문형 동사 보통형＋と、(い형용사)いくなる ～하면 ～해지다

① 冷たいものを飲むと、すぐおなかが痛くなります。

차가운 것을 마시면, 바로 배가 아파집니다.

② エアコンのきいた部屋にいると、調子が悪くなります。

에어컨이 잘되는 방에 있으면, 컨디션이 나빠집니다.

단어 冷たいもの 차가운 것 すぐ 바로 おなか 배 エアコン 에어컨

きく(効く) 효과가 있다 調子が悪い 컨디션이 나쁘다

☑ **동사 보통형＋と ～하면**

'～と'는 '～하면'이라는 뜻으로, 앞에 동사 보통형이 온다.

• 雨が降ると、～ 비가 오면

• 雨が降らないと、～ 비가 오지 않으면

☑ **동사 보통형＋と、(い형용사)いくなる ～하면 ～해지다**

- 白い家具を置くと部屋が明るくなりますよ。 흰 가구를 두면, 방이 밝아져요.

- 今出発しないと、遅くなります。 지금 출발하지 않으면 늦어집니다.

단어 家具 가구　明るい 〔い형〕 밝다　遅い 〔い형〕 늦다

02

문형　동사 보통형+と、～(な형용사)になる ～하면 ～해지다

① 田中さんに会うと元気になります。 다나카 씨를 만나면 힘이 납니다.

② 薬を飲むと少し楽になります。 약을 먹으면 조금 편해집니다.

단어 元気 〔な형〕 건강하다, 힘이 나다　薬を飲む 약을 먹다　楽 〔な형〕 편하다

☑ **동사 보통형+と、～(な형용사)になる ～하면 ～해지다**

- ここに道路ができると、便利になりますね。 여기에 도로가 생기면 편리해지네요.

- この本を読むと、元気になりますよ。 이 책을 읽으면 힘이 나요.

단어 道路 도로　できる 〔동2〕 생기다

정리하기

1) 문형 동사 보통형+と、(い형용사)いくなる ～하면 ～해지다

① これを入れると、おいしくなります。 이것을 넣으면 맛있어집니다.

② 遅く寝ると、調子が悪くなります。 늦게 자면 컨디션이 나빠집니다.

③ お酒を飲むと、頭が痛くなります。 술을 마시면 머리가 아파집니다.

단어 調子が悪い 컨디션이 나쁘다　お酒 술

2) 문형 동사 보통형＋と、～（な형용사）になる　～하면 ～해지다

① このクリームをぬると、手がきれいになります。 이 크림을 바르면 손이 깨끗해집니다.

② 連絡がないと、心配になります。 연락이 없으면 걱정이 됩니다.

③ この本で勉強すると、会話が上手になります。 이 책으로 공부하면 회화가 능숙해집니다.

단어 クリーム 크림　ぬる〔동1〕 바르다　手 손　連絡する〔동3〕 연락하다

ない 없다　心配する〔동3〕 걱정하다　会話 회화

오늘의 퀴즈 정답

➡ 塩を入れると、おいしくなります。

학습정리문제(H5P)

요즘 추워졌어요.

最近、寒くなりました。

あげましょうか。

Clip 01

학습목표 / 학습내용 **물건의 주고받기** 「あげる」, 「くれる」, 「もらう」

1. 일본어 수수표현(授受表現)
2. 문형 ～に〔물건〕をあげます。 ～에게 〔물건〕을 줍니다.
3. 문형 ～に/から〔물건〕をもらいます。 ～에게 / 한테 〔물건〕을 받습니다.
4. 문형 ～に〔물건〕をくれます。 (나)에게 〔물건〕을 줍니다.

오늘의 퀴즈

'생일에 친구가 (나에게) 시계를 주었습니다.'는 일본어로 뭐라고 할까요?

>>>> 학습하기 ──────────────────○

단어 익히기

☐ カレンダー　　　　　　　　　　달력

☐ デザイン　　　　　　　　　　　디자인

☐ 会社(かいしゃ)　　　　　　　　　　　회사

☐ すてき　　　　　　　　　　　〔な형〕 멋짐

（다나카 씨가 들고 있는 달력을 보면서）

キム　　そのカレンダー、来年のですか。デザインがいいですね。

田中　　はい、そうです。あげましょうか。

キム　　え、くれるんですか。

田中　　はい、父にたくさんもらったので。

キム　　ありがとうございます。

田中　　父の会社のカレンダーなんですよ。

キム　　え、そうなんですか。すてきなカレンダーですね。

（다나카 씨가 들고 있는 달력을 보면서）
김민지 : 그 달력 내년 것인가요? 디자인이 좋네요.
다나카 : 네, 맞아요. 드릴까요?
김민지 : 주신다고요?
다나카 : 네, 아버지한테 많이 받았거든요.
김민지 : 감사합니다.
다나카 : 아버지 회사 달력이거든요.
김민지 : 아, 그래요? 멋진 달력이네요.

01

일본어 수수표현(授受表現)

1. 수수표현(授受表現)이란, 教える(가르치다)와 習う(배우다), 売る(팔다)와 買う(사다), 貸す(빌려주다)와 借りる(빌리다)와 같이 '주는 쪽'과 '받는 쪽'의 시점의 차이를 나타낸 것이다.

2. 일본어 수수표현의 특징 :

   1) '주다'에 해당하는 일본어에는 あげる와 くれる가 있다.

      あげる 주다

      くれる (상대가 나 / 식구에게)주다

      もらう 받다

   2) 물건의 주고받음과 행위로 인한 은혜·이익의 주고받음이 있다.

      ～てあげる

      ～てくれる

      ～てもらう

02

문형 **～に[물건]을あげます。～에게 [물건]을 줍니다.**
　　　　～に/から[물건]をもらいます。～에게 / 한테 [물건]을 받습니다.

① チェさんは田中さんに花をあげました。 최 씨는 다나카 씨에게 꽃을 주었습니다.

② 田中さんはチェさんに花をもらいました。 다나카 씨는 최 씨에게 꽃을 받았습니다.

③ えりかちゃんがゆうじくんにチョコレートをあげました。
에리카 양이 유지 군에게 초콜릿을 주었습니다.

④ ゆうじくんがえりかちゃんにチョコレートをもらいました。
유지 군이 에리카 양한테 초콜릿을 받았습니다.

단어 花 꽃　チョコレート 초콜릿

☑ あげる 주다 / もらう 받다

물건의 이동 ：〔물건〕＋を＋あげる/もらう

- AさんはBさんにプレゼントをあげました。 A씨는 B씨에게 선물을 주었습니다.

- BさんはAさんにプレゼントをもらいました。 B씨는 A씨에게 선물을 받았습니다.

- BさんはAさんからプレゼントをもらいました。

　＊「もらう받다」는 무엇인가 이동하는 경우에 「から」를 쓸 때도 있다.

☑ [주는 사람] は/が[받는 사람(제3자)]に[물건]をあげます。 ～은/이 ～에게 [N]을 줍니다.

- 田中さんは木村さんに本をあげました。 다나카 씨는 기무라 씨에게 책을 주었습니다.
- 山田さんはすずきさんに花をあげました。 야마다 씨는 스즈키 씨에게 꽃을 주었습니다.

☑ [받는 사람]は/が [주는 사람]に/から[물건]をもらいます。 ～은/이 ～에게 (한테)[물건]을 받습니다.

- 木村さんは田中さんに本をもらいました。 기무라 씨는 다나카 씨에게 책을 받았습니다.
- すずきさんは山田さんに花をもらいました。 스즈키 씨는 야마다 씨에게 꽃을 받았습니다.

문형 ~に[물건]をくれます。(나)에게 [물건]을 줍니다.

① えりかちゃんがぼくにチョコレートをくれました。 에리카 양이 나에게 초콜릿을 주었습니다.

② ゆうじくんが私の妹にあめをくれました。 유지 군이 나의 여동생에게 사탕을 주었습니다.

단어 ぼく 남자가 본인을 가리킬 때 쓰는 말로 대등한 사람이나 아랫사람에게 쓰는 표현.

私の妹 나의 여동생　あめ 사탕

☑ **くれる (상대가 나에게)주다**

물건의 이동 : 〔물건〕をくれる

- 「あげる(주다)」는 받는 사람(B)이 **나 또는 식구 (가족, 동료 등)**일 경우에는 쓸 수
  없다. 대신에 「くれる」를 쓴다.

○ Aさんは私にプレゼントをくれました。 A씨는 나에게 선물을 주었습니다.

× Aさんは私にプレゼントをあげました。

○ Aさんは妹にプレゼントをくれました。 A씨는 여동생에게 선물을 주었습니다.

× Aさんは妹にプレゼントをあげました。

☑ **[주는 사람]은/가[받는 사람(나, 식구)]에게 [물건]をくれます。~은/이 (나)에게
[물건]을 줍니다.**

- 田中さんはうちの子供に自転車をくれました。
  다나카 씨는 우리 아이에게 자전거를 주었습니다.
- 誕生日に友達が(私に)時計をくれました。 생일에 친구가 (나에게) 시계를 주었습니다.

＊「~くれる」 문장에서 내가 받을 때는 「私、ぼく(나)」를 생략할 수 있다.

단어 うちの~ 우리집~　子供 아이　自転車 자전거　時計 시계

☑ 「**あげる**」와 「**くれる**」

あげる 주다

くれる （상대가 나, 식구에게）주다

- 太郎くんが花子ちゃんにあめを{○**あげました**/×**くれました**}。
  다로가 하나코에게 사탕을 주었습니다.

- 太郎くんが私にあめを{×**あげました**/○**くれました**}。
  다로가 나에게 사탕을 주었습니다.

정리하기

1）문형 ～に〔물건〕をあげます。～에게〔물건〕을 줍니다.

① すずきさんは、田中さんに日本語の本を**あげました**。
  스즈키씨는 다나카씨에게 일본어 책을 주었습니다.

② 山田さんは木村さんに花を**あげました**。 야마다씨는 기무라씨에게 꽃을 주었습니다.

③ チェさんはイさんにチョコレートを**あげました**。 최씨는 이씨에게 초콜릿을 주었습니다.

2）문형 ～に/から〔물건〕をもらいます。～에게 / 한테〔물건〕을 받습니다.

① 田中さんはすずきさん{に/から}日本語の本を**もらいました**。
  다나카씨는 스즈키씨에게 일본어 책을 받았습니다.

② 木村さんは山田さん{に/から}花を**もらいました**。
  기무라씨는 야마다씨에게 꽃을 받았습니다.

③ イさんはチェさん{に/から}チョコレートを**もらいました**。
  이씨는 최씨에게 초콜릿을 받았습니다.

3）문형 ～に〔물건〕をくれます。（나）에게〔물건〕을 줍니다.

① すずきさんは、私の妹に日本語の本を**くれました**。
  스즈키씨는 나의 여동생에게 일본어 책을 주었습니다.

② 山田さんは（私に）花をくれました。 야마다씨는 （나에게） 꽃을 주었습니다.

③ チェさんは（私に）チョコレートをくれました。 최씨는 （나에게） 초콜릿을 주었습니다.

오늘의 퀴즈 정답

➡ 誕生日に友達が（私に）時計をくれました。

にほんごのポイント

입장을 바꿔가면서 あげる/もらう/くれる를 연습해 봅시다.

1

Aさんは、Bさんに本をあげました。

Bさんは、Aさんに/から本をもらいました。

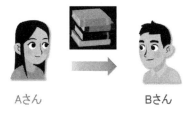

Aさん　　　　Bさん

2

Aさんは、おとうとに本をくれました。

おとうとは、Aさんに/から本をもらいました。

Aさん　　　　おとうと

3

わたしは、おとうとに本を**あげました**。

わたし　　　　　おとうと

Clip 02

학습목표 / 학습내용   은혜의 주고받음 「～てあげる」「～てもらう」

1. 문형 동사 て형+ てあげます   ～해 줍니다.
2. 문형 동사 て형+ てもらいます   ～해 받습니다.

오늘의 퀴즈

'다나카씨가 스즈키씨의 전화번호를 가르쳐 주었습니다.'는 일본어로 뭐라고 할까요?
「～てもらう」를 사용해보세요.

>>>> 학습하기 ───────────────────○

단어 익히기

☐ 宿題
しゅくだい   숙제

☐ 感想文
かんそうぶん   소감문

☐ 文章
ぶんしょう   문장

☐ 間違う
まちが   〔동1〕 틀리다

☐ 赤ペン
あか   빨간펜

□ 直す <small>なお</small>　　　　　　　　　　　　　　　　〔동1〕고치다

（비가 내리고 있다.）

田中 <small>たなか</small>　キムさん、宿題を見てあげましょうか。

キム　　ありがとうございます。本の感想文を書いたんですが、文章が
　　　　間違っていないか見てください。

田中 <small>たなか</small>　分かりました。たくさん書きましたね。

キム　　はい。昨日、山田さんに少し教えてもらいました。

田中 <small>たなか</small>　間違っているところは、赤ペンで直してあげましょうか。

キム　　はい、お願いします。

（비가 내리고 있다.）
다나카 : 민지 씨, 숙제를 봐줄까요?
김민지 : 감사합니다. 책 감상문을 썼는데 문장이 틀리지 않은지 봐 주세요.
다나카 : 알겠습니다. 많이 썼네요.
김민지 : 네. 어제 야마다 씨에게 조금 배웠어요.
다나카 : 잘못된 점은 빨간 펜으로 고쳐 드릴까요?
김민지 : 네, 부탁드립니다.

01

> ### 문형　동사 て형+ てあげます ～해 줍니다.
>
> ① 友達にケーキを作ってあげました。　친구에게 케익을 만들어 주었습니다.
>
> ② チェさんに京都を案内してあげました。　최 씨에게 교토를 안내해 주었습니다.
>
> ③ すずきさんに自転車を貸してあげました。 스즈키 씨에게 자전거를 빌려 주었습니다.
>
> **단어** ケーキ 케이크　作る〔동1〕 만들다　京都 교토

☑ **동작·행위에 의한 은혜, 이익의 이동 : 동사＋てあげる/てくれる/てもらう**

「～をあげる/くれる/もらう」는〔물건〕을 주다/받을 때 사용되고, 「～てあげる/てくれる/てもらう」는〔친절한 행위〕를 주고받을 때 동사 て형을 붙여서 사용한다.

☑ **동사 て형 ＋ てあげます ～해 줍니다.**

「～てあげる」는 친절한 행위를 해줄 때 사용하는 표현.

私　　　　パクさん

나　　　　박 씨

私はパクさんに日本語を教えてあげました。

나는 박 씨에게 일본어를 가르쳐 주었습니다.

02

문형 동사 て형+ てもらいます ～은/이 ～에게 ～해 받습니다.

① 田中さんにすずきさんの電話番号を教えてもらいました。

다나카 씨가 스즈키 씨의 전화번호를 가르쳐 주었습니다.

② 田中さんにひっこしを手伝ってもらいました。다나카 씨가 이사를 도와주었습니다.

③ すずきさんに車で送ってもらいました。 스즈키 씨가 차로 데려다 주었습니다.

단어 電話番号 전화번호 ひっこし 이사 手伝う 〔동1〕 도와주다

☑ 동사 て형 + てもらいます ～해 받습니다.

「～てもらう」는 친절한 행위를 받을 때, 행위를 받는 측을 주어로 하여 은혜를 표현
한다.

木村さん   ぼく

기무라 씨   나

ぼくは木村さんに日本語を教えてもらいました。

기무라씨는 나에게 일본어를 가르쳐 주었습니다.

(직역-나는 기무라씨에게 일본어를 가르쳐 받았습니다.)

＊「もらう받다」는 무엇인가 이동하는 경우에 「から」를 쓸 때도 있다. 지식이나 추상적
 인 이동도 포함한다.

田中さん{に/から}すずきさんの電話番号を教えてもらいました。

다나카씨가 스즈키씨의 전화번호를 가르쳐 주었습니다.

☑ 〜ないか 〜지 않은지

- 文章^{ぶんしょう}が間違^{まちが}ってい**ないか**見^みてください。 문장이 틀리지 않은지 봐 주세요.

- 電気^{でんき}がついてい**ないか**確認^{かくにん}してください。 불이 켜져 있지 않은지 확인해 주세요.

- ごみが落^おちてい**ないか**確認^{かくにん}してください。 쓰레기가 떨어져 있지 않은지 확인해 주세요.

- ドアが開^あいてい**ないか**見^みてください。 문이 열려 있지 않은지 봐 주세요.

- 部屋^{へや}に誰^{だれ}もい**ないか**確認^{かくにん}してください。 방에 아무도 없는지 확인해 주세요.

정리하기

1) 문형 동사 て형 + てあげます 〜해 줍니다.

① 木村^{きむら}さんはキムさんに日本語^{にほんご}を**教^{おし}えてあげました**。
기무라 씨는 김 씨에게 일본어를 가르쳐 주었습니다.

② 山田^{やまだ}さんにかさを**貸^かしてあげました**。 야마다 씨에게 우산을 빌려 주었습니다.

③ イさんにおすしを**おごってあげました**。 이 씨에게 초밥을 사 주었습니다.

단어 かさ 우산   おごる〔동1〕한턱 내다, 사 주다

2) 문형 동사 て형 + てもらいます 〜은/이 〜에게 〜해 받습니다.

① キムさんは木村^{きむら}さんに日本語^{にほんご}を**教^{おし}えてもらいました**。
김 씨는 다나카 씨에게 일본어를 가르쳐 주었습니다.
(직역 : 다나카 씨는 기무라씨에게 일본어를 가르쳐 받았습니다.)

② (私^{わたし}は)すずきさんにかさを**貸^かしてもらいました**。 스즈키 씨가 우산을 빌려 주었습니다.
(직역 : (나는) 스즈키 씨에게 우산을 빌려 받았습니다.)

③ (私^{わたし}は)中村^{なかむら}さんにおすしを**おごってもらいました**。 나카무라 씨가 초밥을 사 주었습니다.
(직역 : (나는) 나카무라 씨에게 초밥을 대접 받았습니다.)

⇒ 田中さん {に/<u>から</u>} すずきさんの電話番号を教えてもらいました。

にほんごのポイント

입장을 바꿔가면서 「〜てあげる」「〜てもらう」를 연습해 봅시다.

ケーキを作る

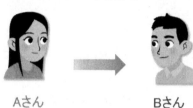

Aさん　　　　　　Bさん

Aさんは、Bさんにケーキを作ってあげました。

Bさんは、Aさんにケーキを作ってもらいました。

03
Clip

1. 문형 동사 て형＋てくれます   ～해 줍니다.

오늘의 퀴즈

'다나카씨가 스즈키씨의 전화번호를 가르쳐 주었습니다.'는 일본어로 뭐라고 할까요?
「〜てくれる」를 사용해보세요.

>>>> 학습하기 ──────────────────○

단어 익히기

□ 写真 しゃしん	사진
□ 撮る と	〔동1〕 찍다
□ 料理 りょうり	요리
□ 上手 じょうず	〔な형〕 능숙함
□ 誕生日 たんじょうび	생일
□ ケーキ	케이크

□ 焼く 〔동1〕 굽다

（민지 씨의 책상 위에 있는 사진을 보면서）

田中 キムさん、この写真、いいですね。

キム それは山田さんが撮ってくれました。

田中 山田さんは写真を撮るのが上手ですね。

キム 山田さんは、料理も上手なんですよ。

田中 そうなんですか。知りませんでした。

キム 山田さんが私の誕生日にケーキを焼いてくれました。

田中 へえ、山田さんは、何でもできるんですね。

（민지 씨의 책상 위에 있는 사진을 보면서）
다나카 : 민지 씨, 이 사진 좋네요.
김민지 : 그것은 야마다 씨가 찍어 주었어요.
다나카 : 야마다 씨는 사진을 잘 찍네요.
김민지 : 야마다 씨는 요리도 잘하거든요.
다나카 : 그렇군요. 몰랐습니다.
김민지 : 야마다 씨가 제 생일에 케이크를 구워 주었어요.
다나카 : 와, 야마다 씨는 무엇이든 할 수 있군요.

01

> **문형 동사 て형+てくれます (나에게) ~해 줍니다.**
>
> ① 田中さんが駅まで送ってくれました。 다나카 씨가 역까지 데려다 주었습니다.
>
> ② チェさんが写真をとってくれました。 최씨가 사진을 찍어 주었습니다.
>
> ③ すずきさんがたこ焼きを作ってくれました。 스즈키씨가 타코야끼를 만들어 주었습니다.
>
> **단어** たこ焼き 타코야끼

☑ 「~てあげる」와 「~てくれる」

「~てあげる」는〔은혜를 받는 사람〕이 <u>나 또는 식구 (가족, 동료 등)</u>일 경우에는 쓸 수 없다. 대신에 「~てくれる」를 쓴다.

木村さん   私

기무라씨   나

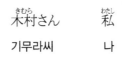

木村さんが(私に)日本語を教えてくれました。 기무라 씨가 나에게 일본어를 가르쳐 주었습니다.

✕ 木村さんが私に日本語を教えてあげました。

* 「~てくれる」 문장에서 내가 받을 때는 「私(나)」를 생략할 수 있다.

☑ ～てくれます (나에게) ～해 줍니다.

- 友達がアルバムを見せてくれました。친구가 앨범을 보여주었습니다.

- すずきさんが家まで送ってくれました。스즈키 씨가 집까지 데려다 주었습니다.

- 田中さんがすずきさんの電話番号を教えてくれました。
  다나카씨가 스즈키씨의 전화번호를 가르쳐 주었습니다.

단어 アルバム 앨범　見せる〔동2〕보여주다　送る〔동1〕데려다주다

にほんごのポイント

그림을 보고 「～てくれる」를 연습해 봅시다.

駅まで送る

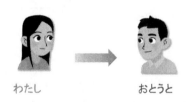

Aさん　　　　　おとうと

Aさんは、おとうとを駅まで送ってくれました。

わたし　　　　　おとうと

わたしは、おとうとを駅まで送ってあげました。

1) 문형 동사 て형＋てくれます（나에게）〜해 줍니다.

① 木村さんは（私に）日本語を教えてくれました。
기무라씨는 （나에게） 일본어를 가르쳐 주었습니다.

② すずきさんが（私に）かさを貸してくれました。
스즈키씨가 （나에게） 우산을 빌려 주었습니다.

③ 中村さんが（私に）おすしをおごってくれました。
나카무라씨가 （나에게） 초밥을 사 주었습니다.

단어 おごる〔동1〕한턱내다,（음식을）사주다

(오늘의 퀴즈 정답)

⇒ 田中さんがすずきさんの電話番号を教えてくれました。

학습정리문제(H5P)

야마다 씨가 제 생일에 케이크를 구워 주었어요.
山田さんが私の誕生日にケーキを焼いてくれました。

おさしみは食べられますか。

Clip 01

학습목표 / 학습내용 조건 표현 「〜たら、〜ば」

1. 문형 〜たら 〜하면
2. 문형 〜ば 〜하면

오늘의 퀴즈

'공항에 도착하면 전화해 주세요.'는 일본어로 뭐라고 할까요?

>>>> 학습하기 ──────────────────○

단어 익히기

☐ 空港（くうこう）　　　　　　공항

☐ 着（つ）く　　　　　　　　〔동1〕도착하다

☐ どうやって　　　　　　　어떻게

☐ 近（ちか）い　　　　　　　〔い형〕가깝다

☐ 〜ので　　　　　　　　　〜니까, 〜기 때문에

☐ タクシーに乗（の）る　　　택시를 타다

木村　パクさん、明日は、空港に何時ごろ着きますか。

パク　12時ごろ着きます。

木村　空港までどうやって行きますか。

パク　電車で行きます。

木村　そうですか。じゃ、空港に着いたら電話してください。

パク　はい、そうします。ホテルから駅までは、どうやって行けばいいですか。

木村　ホテルから駅まで近いのでタクシーに乗ったらいいですよ。

パク　そうですか。分かりました。そうします。

기무라 : 재원 씨, 내일은 공항에 몇시쯤 도착합니까?

박재원 : 12시쯤 도착합니다.

기무라 : 공항까지 어떻게 가요?

박재원 : 전철로 갑니다.

기무라 : 그렇군요. 그럼 공항에 도착하면 전화해 주세요.

박재원 : 네, 그렇게 하겠습니다. 호텔에서 역까지는 어떻게 가면 되나요?

기무라 : 호텔에서 역까지 가까우니까 택시를 타면 돼요.

박재원 : 그렇군요. 알겠습니다. 그렇게 하겠습니다.

01

> **문형 ～たら ～하면**
>
> ① 駅<ruby>えき<rt></rt></ruby>に着<ruby>つ<rt></rt></ruby>いたら電話<ruby>でんわ<rt></rt></ruby>してください。 역에 도착하면 전화해 주세요.
>
> ② 水<ruby>みず<rt></rt></ruby>をたくさん飲<ruby>の<rt></rt></ruby>んだらいいですよ。 물을 많이 마시면 좋아요.
>
> ③ 田中<ruby>たなか<rt></rt></ruby>さんに会<ruby>あ<rt></rt></ruby>ったら、このふうとうをわたしてください。
> 다나카 씨를 만나면 이 봉투를 건네주세요.
>
> **단어** ふうとう 봉투 わたす 〔동1〕 건네주다

☑ 일본어 조건표현

한국어의 조건(条件), 가정(仮定)표현인 '～하면', '～이면'에 해당하는 일본어의 조건, 가정표현은 「～と」「～ば」「～たら」「～なら」의 4가지 형식이 있다. 그 중에서도 제한이 제일 적고 회화에서 자주 쓰이는 표현이 「～たら」이다.

☑ 「～たら」 만드는 법

• **동사 た형＋たら**

行<ruby>い<rt></rt></ruby>く 가다	行<ruby>い<rt></rt></ruby>ったら 가면
見<ruby>み<rt></rt></ruby>る 보다	見<ruby>み<rt></rt></ruby>たら 보면
来<ruby>く<rt></rt></ruby>る 오다	来<ruby>き<rt></rt></ruby>たら 오면
する 하다	したら 하면

• **い형용사 た형＋たら**

大<ruby>おお<rt></rt></ruby>きい 크다	大<ruby>おお<rt></rt></ruby>きかったら 크면
小<ruby>ちい<rt></rt></ruby>さい 작다	小<ruby>ちい<rt></rt></ruby>さかったら 작으면
いい 좋다	良<ruby>よ<rt></rt></ruby>かったら 좋으면

- **な형용사** た형 + たら

元気 건강하다   元気だっ**たら** 건강하면

きれい 깨끗하다   きれいだっ**たら** 깨끗하면

- **명사** + だったら

休み 휴일   休み**だったら** 휴일이면

学生 학생   学生**だったら** 학생이면

- 寒かっ**たら**言ってください。 추우면 말해 주세요.

- 大変だっ**たら**手伝いますよ。 힘들면 도울게요.

문형 ～ば ～하면

① 見れば分かります。 보면 압니다.

② A：きっぷを買いたいんですけど。 표를 사고 싶은데요.

    B：青いボタンを押せば出てきますよ。 파란 버튼을 누르면 나옵니다.

③ A：ずいぶん静かですね。 매우 조용하네요

    B：夕方になれば、にぎやかになりますよ。 저녁이 되면, 떠들썩해져요.

단어 分かる〔동1〕알다, 이해하다 きっぷ 표 青い 파랗다 ボタン 버튼

       押す〔동1〕누르다 出る〔동2〕나오다 夕方 저녁 ～になる ～가 되다

☑ 「～ば」의 용법

「～ば」는 조건이 2가지 있을 때, 지금 단계로서는 어느 쪽으로 할 것인지 아직 정할 수 없을 때 자주 사용한다.

- 天気が良ければ、行きます。 날씨가 좋으면 가겠습니다.

• 天気が良くなければ、行きません。 날씨가 좋지 않으면 안 갑니다.

☑ 「〜ば」 만드는 법

- 동사＋ば

  1그룹 : 어미를 <u>「え」</u>단으로 바꾸고 「ば」를 붙인다.

  行く 가다　 → 行け＋ば → 行けば 가면

  会う 만나다 → 会え＋ば → 会えば 만나면

  2그룹 : 어미를 떼고 「れば」를 붙인다.

  食べる 먹다 → 食べる＋れば → 食べれば 먹으면

  見る 보다　 → 見る＋れば　 → 見れば 보면

  3그룹

  来る 오다 → 来れば 오면

  する 하다 → すれば 하면

- い형용사 い＋ければ

  大きい 크다 → 大きい＋ければ → 大きければ 크면

  若い 젊다　 → 若い＋ければ　 → 若ければ 젊으면

  주의 : いい（良い） 좋다 → 良ければ （×いければ） 좋으면

〔な형용사와 명사〕
원래는 명사와 な형용사에서는 ば 대신에 ならば를 사용하였는데, 현대 일본어에서는 거의 쓰이지 않게 되었다. 현대 일본어에서는 ば 대신에 **なら**를 사용한다.

• な형용사＋なら

$\underset{しず}{静}$か 조용하다 → $\underset{しず}{静}$か＋なら → $\underset{しず}{静}$か**なら** 조용하면

$\underset{げんき}{元気}$ 건강하다 → $\underset{げんき}{元気}$＋なら → $\underset{げんき}{元気}$**なら** 건강하면

• 명사＋なら

$\underset{がっこう}{学校}$ 학교 → $\underset{がっこう}{学校}$＋なら → $\underset{がっこう}{学校}$**なら** 학교라면

정리하기

1) 문형 ～たら ～하면

① $\underset{なつやす}{夏休}$みに$\underset{い}{行}$ったらどうですか。 여름 방학에 가면 어때요?

② $\underset{つごう}{都合}$が$\underset{わる}{悪}$かったら、また$\underset{こんど}{今度}$でいいですよ。 형편이 안 좋으면 다음으로 미루어도 되요.

③ **ひまだったら**、$\underset{あそ}{遊}$びに$\underset{き}{来}$てください。 한가하면 놀러 와 주세요.

단어 $\underset{なつやす}{夏休}$み 여름 방학 $\underset{つごう}{都合}$が$\underset{わる}{悪}$い 형편이 안 좋다, 상황이 안 좋다, 다른 볼 일이 있다,

바쁘다   また$\underset{こんど}{今度}$ 다음번에, 다음에

2) 문형 ～ば ～하면

① $\underset{いまにゅうかい}{今入会}$**すれば**プレゼントがもらえますよ。 지금 가입하면 선물을 받을 수 있어요.

② $\underset{あした}{明日}$に**なれば**$\underset{しんしょうひん}{新商品}$が$\underset{はい}{入}$りますよ。 내일이 되면 신상품이 들어와요.

③ A：すずきさんの$\underset{れんらくさき}{連絡先}$を$\underset{し}{知}$りたいんですが、$\underset{だれ}{誰}$に$\underset{き}{聞}$けばいいですか。

　　　스즈키 씨의 연락처를 알고 싶은데요, 누구에게 물으면 되나요?

　　B：$\underset{たなか}{田中}$さんに$\underset{き}{聞}$けばすずきさんの$\underset{れんらくさき}{連絡先}$が$\underset{わ}{分}$かりますよ。

　　　다나카 씨에게 물으면 스즈키 씨의 연락처를 알 수 있어요

단어 $\underset{にゅうかい}{入会}$ 가입 $\underset{しんしょうひん}{新商品}$ 신상품 $\underset{れんらくさき}{連絡先}$ 연락처 $\underset{し}{知}$る〔동1〕알다

⇒ 空港に着いたら電話してください。

にほんごのポイント

「~ば」 문장은 보통 「~たら」로 치환이 가능하다.

① 見れば分かります。 보면 압니다.

　見たら分かります。

② A : きっぷを買いたいんですけど。 표를 사고 싶은데요.

　B : 青いボタンを押せば出てきますよ。 파란 버튼을 누르면 나옵니다.

　　青いボタンを押したら出てきますよ。

③ A : ずいぶん静かですね。 매우 조용하네요.

　B : 夕方になれば、にぎやかになりますよ。 저녁이 되면, 떠들썩해져요.

　　夕方になったら、にぎやかになりますよ。

Clip 02

학습목표 / 학습내용 「～たい」, 조건 표현 「～なら」

1. 문형 ～たい ～하고 싶다.
2. 문형 ～なら ～하면

오늘의 퀴즈

'싸게 산다면 온라인숍이 좋아요.'는 일본어로 뭐라고 할까요?

>>>> 학습하기 ─────────────────────○

단어 익히기

☐ パソコン   PC

☐ 安^{やす}い   〔い형〕 싸다

☐ オンライン   온라인

☐ ショップ   숍

☐ 実際^{じっさい}に   실제로

☐ 選^{えら}ぶ   〔동1〕 고르다

☐ 電気　でんき　　　　　　　　전기

☐ 帰り道　かえりみち　　　　　집가는길

☐ 色々　いろいろ　　　　　　　〔な형〕여러가지

☐ メーカー　　　　　　　　　メイカー 메이커

☐ 売る　う　　　　　　　　　〔동1〕팔다

パク　パソコンを買いたいんですが、どこに行ったらいいですか。

木村　そうですね。安く買うなら、オンラインショップがいいですよ。

パク　実際に見て選ぶなら、どこに行ったらいいですか。

木村　実際に見たいなら、山田電気がいいですよ。

パク　そうですか。どこにあるんですか。

木村　帰り道にあるので一緒に行きましょうか。

パク　ありがとうございます。

木村　山田電気なら色々なメーカーのパソコンを安く売っていますよ。

박재원 : PC를 사고 싶은데 어디로 가면 되나요?
기무라 : 글쎄요. 싸게 산다면 온라인샵이 좋아요.
박재원 : 실제로 보고 고르려면 어디로 가면 되요?
기무라 : 실제로 보고 싶다면 야마다전기가 좋아요.
박재원 : 그렇군요. 어디에 있나요?
기무라 : 집 가는 길에 있으니까 같이 갈까요?
박재원 : 감사합니다.
기무라 : 야마다전기라면 여러 메이커의 PC를 싸게 팔고 있어요.

01

> **문형 ～たい ～하고 싶다.**
>
> ① れいぞうこを**買いたい**です。 냉장고를 사고 싶습니다.
>
> ② 実際に見て**選びたい**です。 실제로 보고 고르고 싶습니다.
>
> **단어** れいぞうこ 냉장고　実際 실제　選ぶ 〔동1〕 고르다, 선택하다

☑ ～たい ～하고 싶다.

- **동사의 ます형 ＋たい**

1그룹

① 行く 가다

　　→ 行きたい 가고 싶다 / 行きたいです 가고 싶습니다.

② 休む 쉬다

　　→ 休みたい 쉬고 싶다 / 休みたいです 쉬고 싶습니다

③ 会う 만나다

　　→ 会いたい 만나고 싶다 / 会いたいです 만나고 싶습니다.

2그룹

① 寝る 자다

　　→ 寝たい 자고 싶다 / 寝たいです 자고 싶습니다.

② 見る 보다

　　→ 見たい 보고 싶다 / 見たいです 보고 싶습니다.

3그룹

　① する 하다

　　　→ したい 하고 싶다 / したいです 하고 싶습니다.

　② 来る 오다

　　　→ 来たい 오고 싶다 / 来たいです 오고 싶습니다.

02

문형　～なら ～하면

① A : コンビニに行ってきます。 편의점에 갔다올게요.

　　B : コンビニに行くなら卵を買ってきてください。 편의점에 간다면 계란을 사 오세요.

② A : 日本語を勉強したいんですが。 일본어를 공부하고 싶은데요.

　　B : 日本語の勉強ならこの本がいいですよ。 일본어공부라면 이 책이 좋아요

③ A : 朝から頭が痛いんです。 아침부터 머리가 아파요

　　B : 体調が悪いなら、帰ってもいいですよ。 몸이 불편하면, 돌아가도 괜찮아요.

단어 卵 계란　頭が痛い 머리가 아프다　体調が悪い 몸 상태가 나쁘다, 컨디션이 나쁘다

☑ **「～なら」의 용법**

「なら」는 확정된 전제조건(상대방의 발언이나 상태, 내가 가정한 내용)에 근거하여 자신의 생각이나 의견, 조언, 판단 등을 말할 경우에 사용한다.

• 安く買うなら、オンラインショップがいいですよ。 저렴하게 산다면 온라인 숍이 좋아요.

• 実際に見て選びたいなら、秋葉原に行ったらいいですよ。
실제로 보고 고르고 싶다면 아키하바라에 가면 되요.

단어 安い〔い형〕 저렴하다, 싸다　オンラインショップ 온라인샵　秋葉原 아키하바라

☑ 「〜なら」 **만드는 법**

　＊현재형, 과거형 모두 접속할 수 있다.

・ 동사의 보통형＋なら

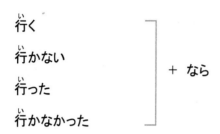

行く
行かない
行った
行かなかった

＋ なら

・ い형용사＋なら

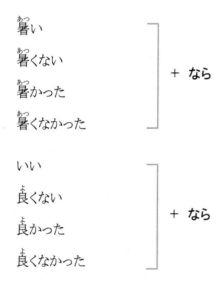

暑い
暑くない
暑かった
暑くなかった

＋ なら

いい
良くない
良かった
良くなかった

＋ なら

・ な형용사＋なら

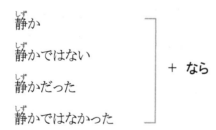

静か
静かではない
静かだった
静かではなかった

＋ なら

• 명사＋なら

学生^{がくせい}

学生^{がくせい}ではない

学生^{がくせい}だった　　　　＋ なら

学生^{がくせい}ではなかった

1) 문형 ～たい ～하고 싶다.

① 日本語^{にほんご}が**うまくなりたい**です。（日本語^{にほんご}が上手^{じょうず}になりたいです。）

　일본어를 잘하고(잘하게 되고) 싶습니다.

② 日本^{にほん}の温泉^{おんせん}に**行きたい**です。 일본 온천에 가고 싶습니다.

③ 日本人^{にほんじん}の友達^{ともだち}を**作りたい**です。 일본인 친구를 만들고 싶습니다.

단어 うまい（上手^{うま}い）〔い형〕 잘하다, 솜씨가 뛰어나다 (＝上手^{じょうず})

うまくなる（上手^{うま}くなる） 잘하게 되다, 능숙하게 되다 (＝上手^{じょうず}になる)　温泉^{おんせん} 온천

2) 문형 ～なら ～하면

① 日本語^{にほんご}が**うまくなりたいなら**、日本人^{にほんじん}の友達^{ともだち}を作^{つく}ったらいいですよ。

　일본어를 잘하고(잘하게 되고) 싶으면 일본인 친구를 만들면 좋아요.

② 日本^{にほん}の温泉^{おんせん}に**行きたいなら**、九州^{きゅうしゅう}がいいですよ。

　일본 온천에 가고 싶으면 규슈가 좋아요.

③ 日本人^{にほんじん}の友達^{ともだち}を**作りたいなら**、交流会^{こうりゅうかい}に行ったらいいですよ。

　일본인 친구를 만들고 싶으면 교류회에 가면 좋아요.

단어 交流会^{こうりゅうかい} 교류회

⇒ 安く買うなら、オンラインショップがいいですよ。

にほんごのポイント

Q

'보고 싶어요.'는 일본어로 뭐라고 하나요?

A

(누구를) 보고 싶다고 할 때 일본어로 見たいです。가 아니라 会いたいです。라고 합니다.
「見たい」는 눈으로 보는 것을 의미합니다.

> [예] 映画が見たいです。 영화를 보고 싶습니다.
>
> テレビが見たいです。 TV를 보고 싶습니다.

누구를 만나고 싶다고 할 때는 「〜に会いたい」라고 합니다.

> [예] 友達に会いたいです。 친구를 보고 싶습니다.
>
> 田中さんに会いたいです。 다나카 씨를 보고 싶습니다.

03

Clip

1. 문형 가능표현
2. 문형 ～たら＋가능표현 ～하면 ～할 수 있다.

오늘의 퀴즈

'생선구이라면 먹을 수 있어요.'는 일본어로 뭐라고 할까요?

>>>> 학습하기 ───────────────○

단어 익히기

☐ おさしみ   생선회

☐ 焼き魚   생선구이
   や さかな

☐ たのむ   〔동1〕 주문하다(注文する)
                        ちゅうもん

☐ 日本酒   일본술
   にほんしゅ

（一食집에서）

田中　おさしみは食べられますか。

キム　すみません。おさしみは食べられないんです。

田中　そうですか。焼き魚だったら食べられますか。

キム　はい。焼き魚だったら食べられます。

田中　じゃ、焼き魚をたのみましょう。

それと、このお店は日本酒がおいしいんですが、日本酒は飲

めますか。

キム　はい、飲めます。

（일식집에서）
다나카 : 회는 먹을 수 있습니까?
김민지 : 죄송합니다. 회는 못 먹거든요.
다나카 : 그렇군요. 생선구이라면 먹을 수 있나요?
김민지 : 네. 생선구이라면 먹을 수 있어요.
다나카 : 그럼 생선구이를 주문합시다.
　　　　그리고 이 가게는 일본 술이 맛있습니다만, 일본 술은 마실 수 있습니까?
김민지 : 네, 마실 수 있습니다.

01

> ### 문형　가능동사
>
> ① 日本語が**話せます**。 일본어를 말할 수 있습니다.
>
> ② 図書館で本を3冊まで**借りられます**。 도서관에서 책을 3권까지 빌릴 수 있습니다.
>
> ③ A : きっぷは、どこで**買えます**か。 표는 어디서 살 수 있어요?
>
> 　　B : 駅の窓口で**買えます**よ。 역의 창구에서 살 수 있어요.
>
> 【단어】 冊 ~권　窓口 창구　借りる〔동2〕 빌리다

☑ 가능동사 만드는 법

1그룹 : 어미를 「え」단으로 바꾸고 「る」를 붙인다.

会う 만나다 → 会える 만날 수 있다.

① 書く 쓰다

　　→ 書ける 쓸 수 있다 / 書けます 쓸 수 있습니다.

② 話す 말하다

　　→ 話せる 말할 수 있다 / 話せます 말할 수 있습니다.

③ 飲む 마시다

　　→ 飲める 마실 수 있다 /飲めます 마실 수 있습니다.

④ もらう 받다

　　→ もらえる 받을 수 있다 / もらえます 받을 수 있습니다.

2그룹 : 어미 「る」를 떼고, 「られる」를 붙인다.

見る 보다 → 見られる 볼 수 있다.

① 食べる 먹다

　　→ 食べられる 먹을 수 있다 / 食べられます 먹을 수 있습니다.

② 借りる 빌리다

　　→ 借りられる 빌릴 수 있다 / 借りられます 빌릴 수 있습니다

③ あげる 주다

　　→ あげられる 줄 수 있다 / あげられます 줄 수 있습니다.

3그룹 :

① する 하다

　　→ できる 할 수 있다

② 来る 오다

　　→ 来られる 올 수 있다

TIP 가능동사는 2그룹 동사의 활용을 한다.

　　예 会える 만날 수 있다

　　• ます형 : 会えます 만날 수 있습니다.
　　• ない형 : 会えない 만날 수 없다.
　　• て형 : 会えて 만날 수 있어서

☑ **分かる 알다, 이해하다**

「分かる 알다, 이해하다」에는 이미 가능의 의미가 함축되어 있으므로 가능형으로 쓰지 않는다.

• 彼は日本語が分かる。 그는 일본어를 안다.
• 辞書を引けば分かる。 사전을 찾으면 알 수 있다.

　　단어 辞書を引く 사전을 찾다

문형 　～たら+가능표현 ～하면 ～할 수 있다.

① メキシコ料理を食べたいんですが、どこに行ったら食べられますか。

　 멕시코 요리를 먹고 싶은데요, 어디에 가면 먹을 수 있습니까?

② イテウォンに行ったら、いろいろな国の料理が食べられますよ。

　 이태원에 가면 여러가지 나라의 요리를 먹을 수 있습니다.

단어 メキシコ料理 멕시코 요리　イテウォン 이태원　いろいろ 여러 가지　国 나라

☑ **～たら+가능표현 ～하면 ～할 수 있다.**

• 今すぐお店に行ったら買えます。 지금 바로 가게에 가면 살 수 있어요.

• 今すぐお店に行かなかったら買えません。 지금 바로 가게에 가지 않으면 살 수 없어요.

A：何時に行ったら田中さんに会えますか。 몇 시에 가면 다나카 씨를 만날 수 있어요?

B：3時ごろ来たら会えますよ。 3시쯤 오면 만날 수 있어요.

A：どこに行ったらもらえますか。 어디에 가면 받을 수 있어요?

B：受付に行ったらもらえます。 접수처에 가면 받을 수 있어요.

단어 すぐ 바로　～ごろ ～쯤　受付 접수처

정리하기

1）문형 가능표현 （～할 수 있다)

① 今ならクーポンがもらえます。 지금이면 쿠폰을 받을 수 있습니다.

② 私は漢字が読めません。 저는 한자를 읽을 수 없습니다.

③ 明日は仕事が休めません。 내일은 일을 쉴 수 없습니다.

クーポン 쿠폰

2) 문형 ～たら + 가능표현 ～하면 ～할 수 있다.

① 日本語だったら読めます。일본어라면 읽을 수 있습니다.

② 雨が降ったら行けません。비가 오면 갈 수 없습니다.

③ 家に誰かいたら頼めます。집에 누가 있으면 부탁할 수 있습니다.

誰か 누군가가 頼む 〔동1〕 부탁하다

(오늘의 퀴즈 정답)

⇒ 焼き魚だったら食べられます。

にほんごのポイント

Q
「ら」ぬきことば (ら생략어형)란?

A
2그룹과 「来る오다」의 가능형에서 「ら」를 생략하는 경향을 「ら抜きことば」(ら생략어형)
이라고 부른다. 일반적으로 일상회화에서는 「ら抜きことば」를 사용한다.

- 2그룹 동사: 見られる 볼 수 있다. → 見れる / 見れます
- 来る 오다: 来られる 올 수 있다. → 来れる / 来れます

학습정리문제(H5P)

멕시코 요리를 먹고 싶은데요, 어디에 가면 먹을 수 있습니까?
メキシコ料理を食べたいんですが、どこに行ったら食べられますか。

おにぎり 주먹밥

1위 ツナマヨ 참치 마요네즈

ツナ (シーチキン) 참치
マヨ (マヨネーズ) 마요네즈

2위 おかか 가다랑어 포

かつおぶし

YouTube 영상을 보고 おにぎり 만들어 보세요!

ツナマヨ おにぎり

YouTube

30초
요리 🍙ツナマヨおにぎり🍙

1. 밥에 소금을 적당히 뿌려 간을 맞춘다.
2. 기름 뺀 참치와 마요네즈를 섞는다.
3. 랩 위에 밥을 펼친다.
4. 밥 가운데에 2번을 넣고, 밥을 덮어 주면서 참치마요를 잘 감싸 준다.
5. 삼각형으로 예쁘게 모양 만든다.
6. 김을 붙인다.
　　　　　　　완성!

おかか おにぎり

YouTube

30초
요리 🍙おかかおにぎり🍙

1. 가츠오부시를 후라이팬에 약한 불로 약 10초간 흔들면서 볶는다.
2. 가츠오부시를 손으로 부셔 주세요.
3. 가츠오부시에 간장을 조금 넣고 골고루 잘 섞는다.
4. 랩 위에 밥을 펼친다.
5. 밥에 3을 넣고 골고루 섞는다.
6. 삼각형으로 예쁘게 모양 만들고,김을 붙인다. 완성!

<ruby>先生<rt>せんせい</rt></ruby>にほめられました。

단어 ほめる〔동2〕칭찬하다

01
Clip

수동표현

1. 문형 ～(ら)れます ～당합니다

오늘의 퀴즈

'파티에 초대 받았습니다.'는 일본어로 뭐라고 할까요?

>>>> 학습하기 ───────────────○

단어 익히기

☐ <ruby>顔<rt>かお</rt></ruby>　　　　　　　　　　얼굴

☐ すぐに　　　　　　　　　　바로

☐ <ruby>実<rt>じつ</rt></ruby>は　　　　　　　　　　실은

☐ <ruby>発音<rt>はつおん</rt></ruby>　　　　　　　　　　발음

☐ ほめる　　　　　　　　　　〔동2〕 칭찬하다

☐ <ruby>一生懸命<rt>いっしょうけんめい</rt></ruby>　　　　　　　　〔な형〕 매우 열심히 함

☐ 甲斐がある　　　　　　　　　　　　　　보람이 있다

（재원 씨가 웃고 있는 것을 보고）

木村　　何かいいことでもあったんですか。

パク　　えっ、分かりますか。

木村　　はい、顔を見れば、すぐに分かりますよ。

パク　　実は、日本語の先生に発音がいいって言われたんです。

木村　　先生にほめられたんですね。よかったですね。

パク　　はい。一生懸命に勉強した甲斐があります。

（재원 씨가 웃고 있는 것을 보고）
기무라 : 무슨 좋은 일이라도 있었어요?
박재원 : 앗, 알겠어요?
기무라 : 네, 얼굴을 보면 바로 알 수 있어요.
박재원 : 실은 일본어 선생님한테 발음 좋다는 말 들었어요.
기무라 : 선생님께 칭찬을 받았군요. 잘 됐네요.
박재원 : 네. 열심히 공부한 보람이 있어요.

01

수동(受身^{うけみ})표현

어떤 일에 대해 〈행위를 행하는 사람〉과 〈행위를 받는 사람〉 중 어느 쪽 입장으로 취하는가에 따라 표현이 달라지는데 이것을 「태(態, voice)」라고 한다. 〈행위를 받는 사람〉이 주어가 되는 표현을 「수동(受身)표현」이라고 한다.

행위를 받는 사람 = 私^{わたし}   행위를 행하는 사람 = 先生^{せんせい}

능동 : 先生^{せんせい}が私^{わたし}をほめました。 선생님이 저를 칭찬했습니다.

수동 : 私^{わたし}は先生^{せんせい}にほめられました。 저는 선생님께 칭찬 받았습니다.

☑ 수동(受身^{うけみ}) 표현

〈행위를 받는 사람〉을 주어로 하는 표현을 수동표현(受身^{うけみ}表現)이라고 한다. 이 때 동사는 <u>수동형</u>으로 바꿔야 한다.

능동 : 先生^{せんせい}が私^{わたし}に発音^{はつおん}がいいって言^いいました。

수동 : 私^{わたし}は先生^{せんせい}に発音^{はつおん}がいいって**言^いわれました。**

＊〈행위를 받는 사람〉이 '나'인 경우에 「私^{わたし}」는 생략이 된다.

（私^{わたし}は)先生^{せんせい}に発音^{はつおん}がいいって**言^いわれました。**

☑ 언제 수동표현을 쓰는가?

일본어는 나 또는 나와 가까운 사람(=식구, 동료)을 주어로 하는 경향이 있다.

？先生が姉をほめました。 선생님이 언니를 칭찬했습니다.

〇姉は先生にほめられました。 언니는 선생님께 칭찬 받았습니다.

☑ 한국어로 해석하기 어려운 수동태

일본어 수동태는 한국어에서 거의 쓰지 않는 표현들이 많기 때문에 직역하면 대부분 어색한 표현이 됩니다. 그러기 때문에 한국어 해석에서 어떤 차이가 있는지 찾으려고 하지 말고, 일본어의 용법으로 그 차이를 찾기 바랍니다. 초급 단계에서는 동사의 수동형을 정확하게 만들 수 있도록 연습합시다.

예 呼ぶ〔동1〕 부르다 → 수동형:呼ばれる

능동 : 部長が私を呼びました。 부장님이 나를 불렀습니다.

수동 : 私は部長に呼ばれました。 나는 부장님에게 부름을 당했습니다.

동사의 수동형

① ほめる〔동2〕 칭찬하다

　→ ほめられる 칭찬 받다

② 叱る〔동1〕 혼내다

　→ 叱られる 혼나다

☑ 동사의 수동형

〔1그룹〕
1그룹 동사는 어미를 「あ」단으로 바꾸고, 「れる」를 붙인다.

① 読む 읽다 → 読まれる 읽혀지다. 읽히다.

② 切る 자르다 → 切られる 잘려지다. 잘리다.

③ 飲む 마시다 →飲まれる 마셔지다

TIP 어미가 「う」인 경우, 「あ」가 아닌 「わ」로 바꾸고 「れる」를 붙인다.

　買う 사다　　　→ 買われる（×買あれる）

　さそう 권유하다 → さそわれる（×さそあれる）

〔2그룹〕
2그룹 동사는 어미 「る」를 떼고, 「られる」를 붙인다.

① 食べる 먹다　　 → 食べられる 먹어지다. 먹히다

② 止める 멈추다　 → 止められる 멈추어지다

〔3그룹〕
① する 하다　　　 → **される** 당하다

② 来る 오다　　　 → **来られる** 오다(오는 행위를 당하다)

TIP 수동형 동사는 <u>2그룹</u> 동사와 같은 활용을 한다.

　〔예〕書く → 書かれる

　　ます형 : 書かれます

　　ない형 : 書かれない

　　て형 : 書かれて

문형　〜(ら)れます　〜당합니다

① 聞く〔동1〕묻다　→　수동형：聞かれる

능동：店員が(私に)としを聞きました。직원이 (나에게) 나이를 물었습니다.

수동：(私は)店員にとしを聞かれました。(나는) 직원에게 나이를 질문 받았습니다.

② ふむ〔동1〕밟다　→　수동형：ふまれる

능동：(知らない人が)地下鉄で(私の)足をふみました。
　　　(모르는 사람이) 지하철에서 (나의) 발을 밟았습니다.

수동：(私は)地下鉄で(知らない人に)足をふまれました。
　　　(나는) 지하철에서 (모르는 사람한테) 발을 밟혔습니다.

단어 部長 부장님　とし 나이　足 발

- 取る〔동1〕잡다　→　수동형：取られる

　無断駐車して罰金を取られました。무단주차해서 벌금을 징수당했습니다.

- 泣く〔동1〕울다　→　수동형：泣かれる

　夜中に子供に泣かれて、ぐっすり眠れませんでした。

　한밤중에 아이가 울어서, 푹 잘 수 없었습니다.

- 起こす〔동1〕깨우다　→　수동형：起こされる

　外がうるさくて5時に起こされました。밖이 시끄러워서 5시에 잠이 깼습니다.

단어 無断駐車 무단주차　罰金 벌금　夜中 한밤중　ぐっすり 푹　眠る〔동1〕자다
うるさい〔い형〕시끄럽다

1) 문형 ～（ら）れます ～당합니다（수동）

① 母に買い物を頼まれました。 엄마에게 장보기를 부탁 받았다.

② パーティーに招待されました。 파티에 초대 받았습니다.

③ 私の作品が優秀賞に選ばれました。 나의 작품이 우수상으로 뽑혔습니다.

단어 買い物 장보기, 쇼핑　頼む〔동1〕부탁하다　パーティー　파티

招待する〔동3〕초대하다　作品 작품　優秀賞 우수상　選ぶ〔동1〕고르다, 뽑다

─────────────────────────

（오늘의 퀴즈 정답）────────────────────────────────────

⇒ パーティーに招待されました。

Clip 02

사역표현

1. 문형 ～(さ)せます　～시킵니다, ～하게 합니다

오늘의 퀴즈

'동생한테 우산을 가져오게 할게요.'는 일본어로 뭐라고 할까요?

>>>> 학습하기

단어 익히기

☐ 持つ　　　　　　　　　　　　　　〔동1〕 가지다

☐ 持ってくる　　　　　　　　　　　〔동3〕 가지고 오다

☐ 弟さん　　　　　　　　　　　　　남동생분

☐ 申し訳ない　　　　　　　　　　　미안하다, 면목 없다

（비가 내리고 있다）

パク　　雨ですね。かさ、持っていますか。

木村　　いいえ。弟にかさを持ってこさせますよ。

パク　　こんな遠いところまで弟さんに申し訳ないですよ。

木村　　今日は家にいるので、それぐらいさせても大丈夫です。

（비가 내리고 있다）
박재원 : 비가 오네요. 우산 가지고 있어요?
기무라 : 아니요. 동생한테 우산을 가져오게 할게요.
박재원 : 이렇게 먼 곳까지 남동생분한테 너무 미안한데요.
기무라 : 오늘은 집에 있어서 그 정도는 시켜도 괜찮아요.

문형 학습하기

문형　～(さ)せます ～시킵니다, ～하게 합니다

① 子供に薬を飲ませました。　아이에게 약을 먹게 했습니다.

② 夫に部屋のそうじをさせました。　남편에게 방청소를 시켰습니다.

③ 息子に友達を迎えに行かせました。　아들에게 친구를 데리러 가게 했습니다.

단어 薬 아이　夫 남편　息子 아들

☑ 사역(使役) 표현

「사역 使役」이란 남에게 무엇인가를 '시키다, 하게하다'라는 뜻이다. 주어가 남에게
동작을 시키는 표현을 「사역(使役) 표현」이라고 한다.
동사는 <u>사역형</u>으로 바꿔야 한다.

능동 : 子供がゲームをやめる。

　　　아이가 게임을 그만두다.

　　　(* 시키는 사람은 능동문에 없다.)

사역 : (私は)子供にゲームをやめさせました。

　　　(저는)아이에게 게임을 그만두게 했습니다.

☑ 동사의 사역형

〔1그룹〕

1그룹 동사는 어미를 「あ」단으로 바꾸고, 「せる」를 붙인다.

① 読む 읽다　　　→ 読ませる 읽게 하다

② 待つ 기다리다　→ 待たせる 기다리게 하다

③ 飲む 마시다　　→ 飲ませる 마시게 하다

TIP 어미가 「う」인 경우,「あ」가 아닌「わ」로 바꾸고 「せる」를 붙인다.

　　　買う 사다　　　→ 買わせる 사게 하다

　　　手伝う 도와주다 → 手伝わせる 도와주게 하다

〔2그룹〕

2그룹 동사는 어미「る」를 떼고, 「させる」를 붙인다.

① 開ける 열다　　→ 開けさせる 열게 하다

② 着る 입다　　　→ 着させる 입게 하다

〔3그룹〕

① する 하다 → **させる** 하게 하다/시키다

②来る 오다 → **来させる** 오게 하다

TIP 사역형 동사는 <u>2그룹</u> 동사와 같은 활용을 한다.

書く → 書かせる

ます형 : 書かせます

ない형 : 書かせない

て형 : 書かせて

정리하기

1) 문형 ～(さ)せます ～시킵니다, ～하게 합니다 (사역)

① 友達を先に行かせました。 친구를 먼저 가게 했습니다.

② みんなを笑わせました。 모두를 웃게 했습니다. (웃게 만들었습니다.)

③ 朝、子供にかさを持たせました。 아침에 아이에게 우산을 들게 했습니다.

단어 先に 먼저 みんな 모두 笑う〔동1〕 웃다

(오늘의 퀴즈 정답)—————————————————————

⇒ 弟にかさを持ってこさせます。

Clip 03

학습목표 / 학습내용　**의지표현** : 〜ようと思っています

1. 문형 〜ようと思っています　〜하려고 생각하고 있습니다.

오늘의 퀴즈

'내일은 친구와 영화를 보러 가려고 생각하고 있습니다.'는 일본어로 뭐라고 할까요?

〉〉〉〉 학습하기 ───────────────○

단어 익히기

☐ 卒業する　　　　　　　　〔동3〕 졸업하다

☐ 働く　　　　　　　　　　〔동1〕 일하다

☐ 準備　　　　　　　　　　준비

☐ 先輩　　　　　　　　　　선배

☐ くわしい　　　　　　　　〔い형〕 자세하다

山田 パクさんは学校を卒業したら、どうするんですか。

パク 日本で働こうと思っています。

山田 そうですか。じゃ、そろそろ準備をしなければなりませんね。

パク(男) そうなんです。来週、先輩に会って、くわしい話を聞こうと思っ
ています。

야마다 : 재원 씨는 학교를 졸업하면 어떻게 할 건가요?
박재원 : 일본에서 일하려고 생각하고 있습니다.
야마다 : 그렇군요.그럼 슬슬 준비를 해야겠네요.
박재원 : 맞아요.다음 주에 선배를 만나서 자세한 이야기를 들으려고요.

문형 학습하기

의향형 : ～(よ)う ～하자

① がんばる 열심히 하다 → **がんばろう**。 열심히 하자.

② 休む 쉬다 → 少し**休もう**。 조금 쉬자

③ 勉強する 공부하다 → 一緒に**勉強しよう**。 같이 공부하자.

☑ **의향형 : ～(よ)う ～하자**

「동사＋(よ)う」는 "～하자"라는 뜻이고, 동사 그룹에 따라 활용방법이 달라진다.
「～ましょう 합시다」보다 캐주얼한 말투.

- がんばりましょう。 열심히 합시다.

- がんばろう。 열심히 하자.

☑ 〜(よ)う 만드는 법

〔1그룹〕

1그룹 동사는 어미를 「お」단으로 바꾸고, 「う」를 붙인다.

① 読む 읽다　　→ 読もう 읽자

② 待つ 기다리다　→ 待とう 기다리자

③ 飲む 마시다　　→ 飲もう 마시자

〔2그룹〕

2그룹 동사는 어미「る」를 떼고, 「よう」를 붙인다.

① 食べる 먹다　　→ 食べよう 먹자

② 見る 보다　　　→ 見よう 보자

〔3그룹〕

① する 하다　　　→ しよう 하자

② 来る 오다　　　→ 来よう 오자

02

문형　〜(よ)うと思っています 〜하려고 생각하고 있습니다.

① A:明日は、何するんですか。 내일은, 무엇을 해요?

　 B:明日は友達と映画を見に行こうと思っています。
　　 내일은 친구와 영화를 보러 가려고 생각하고 있습니다.

---

② A：仕事の後、予定ありますか。일 끝난 후, 예정 있습니까?

B：今夜は同りょうたちと一杯やろうと思っています。

　　오늘 밤은 동료들과 한잔하려고 생각하고 있습니다.

단어 思う〔동1〕생각하다　～の後 ～후　予定 예정　今夜 오늘 밤　同りょう 동료

　　一杯やる〔동1〕한잔 하다

☑ ～(よ)うと思っています ～하려고 생각하고 있습니다.

「～(よ)うと思っています」는 나의 앞으로의 계획을 말할 때 쓰는 표현이다.

「～と思っています」는 '～라고 생각하고 있습니다.'라는 뜻인데 이 앞에 「동사＋(よ)

う」를 붙이면 '～하려고 생각하고 있습니다.'라는 뜻이 된다.

예 卒業したら日本で働こうと思っています。

　　졸업하면 일본에서 일하려고 생각하고 있습니다.

　　• 働く〔동1〕일하다 → 働こう＋と思っています

• A：いつからダイエット始めるんですか。언제부터 다이어트 시작하는 거예요?

　B：明日から始めようと思っています。내일부터 시작하려고 생각하고 있습니다.

• A：この本、読み終わったら貸しましょうか？ 이 책, 다 읽으면 빌려 드릴까요?

　B：大丈夫です。図書館で借りようと思っています。

　　괜찮아요. 도서관에서 빌리려고 생각하고 있습니다.

단어 いつから 언제부터　ダイエット 다이어트　始める〔동2〕시작하다

　　読み終わる〔동1〕다 읽다

1) 문형 ～（よ）うと思っています ～하려고 생각하고 있습니다.

① 今日は部屋のそうじを**しようと思っています**。 오늘은 방청소를 하려고 생각하고 있습니다.

② 明日友達を家に**連れて来ようと思っています**。
내일 친구를 집에 데리고 오려고 생각하고 있습니다.

③ 今日は久しぶりに友達と夕食を**食べようと思っています**。
오늘은 오랜만에 친구와 저녁을 먹으려고 생각하고 있습니다.

단어 連れて来る 데리고 오다

오늘의 퀴즈 정답

⇒ 明日は友達と映画を見に**行こうと思っています**。

にほんごのポイント

한국어와 다른 일본어 「思う」

동사 「思う」는 '생각하다'로 번역이 된다. 하지만, 「思う」는 일본어의 '생각하다' 즉 「考える」와 다음과 같이 차이가 난다.

「考える」: 조리 있게 객관적으로 판단하다.

「思う」: 생각에 상상, 결의, 걱정, 연애 등, 주관적이고 감정적인 요소가 들어간다.

예 数学の問題を{○考える/×思う}。 수학 문제를 생각하다.

예 子を{×考える/○思う}親心。 아이를 생각하는 부모의 마음.

오늘은 방청소를 하려고 생각하고 있습니다.

今日は部屋のそうじをしようと思っています。

おさらい

01

Clip

9~13과 복습

1. 문제를 풀어보고 기말고사를 대비합시다 .

2. 결과 상태를 나타내는 「〜ている」

〔음성 문제〕

1. 다음은 パクさん과 田^{たなか}中さん의 대화입니다. 대화를 듣고, 대화 내용과 맞지 않는 것을 하나 고르시오.

　　①

　　②

　　③

2. 다음 음성을 듣고, 대답으로 맞는 것을 하나 고르시오.

　　①

　　②

　　③

　　④

〔객관식 문제〕

3. 다음 (　) 안에 들어갈 말을 하나 고르시오.

> 赤^{あか}いボタンをおす(　　)きっぷが出^でてきますよ。

① から

② たら

③ と

④ ば

4. 다음 ( ) 안에 들어갈 말을 하나 고르시오.

A：いつからダイエットを始<ruby>始<rt>はじ</rt></ruby>めるんですか。

B：明日<ruby>明日<rt>あした</rt></ruby>から（　　　　　　　）思<ruby>思<rt>おも</rt></ruby>っています。

---

① 始<ruby>始<rt>はじ</rt></ruby>めりようと

② 始<ruby>始<rt>はじ</rt></ruby>めようと

③ 始<ruby>始<rt>はじ</rt></ruby>めると

④ 始<ruby>始<rt>はじ</rt></ruby>もうと

정답 및 해설

〔음성 문제〕

1. 다음은 パクさん과 田中<ruby>田中<rt>たなか</rt></ruby>さん의 대화입니다. 대화를 듣고, 대화 내용과 <u>맞지 않는 것</u>을 하나 고르시오.

田中<ruby>田中<rt>たなか</rt></ruby>：パクさん、明日<ruby>明日<rt>あした</rt></ruby>、ひっこしですね。手伝<ruby>手伝<rt>てつだ</rt></ruby>いに行<ruby>行<rt>い</rt></ruby>きましょうか。

　　박 씨, 내일 이사네요. 도와주러 갈까요?

パク：田中<ruby>田中<rt>たなか</rt></ruby>さん、ありがとうございます。じゃあ、すみませんが10時<ruby>時<rt>じ</rt></ruby>ごろ来<ruby>来<rt>き</rt></ruby>てください。　다나카 씨 고마워요. 그럼 죄송하지만 10시쯤 와주세요.

田中<ruby>田中<rt>たなか</rt></ruby>：わかりました。他<ruby>他<rt>ほか</rt></ruby>に誰<ruby>誰<rt>だれ</rt></ruby>が手伝<ruby>手伝<rt>てつだ</rt></ruby>いに来<ruby>来<rt>き</rt></ruby>ますか。

　　알겠습니다. 다른 누가 도와주러 오나요?

パク：キムさんが手伝<ruby>手伝<rt>てつだ</rt></ruby>いに来<ruby>来<rt>き</rt></ruby>てくれます。

　　김 씨가 도와주러 와 주세요 .

---

① キムさんはパクさんのひっこしを手伝ってあげます。

김 씨는 박 씨의 이사를 도와줍니다.

② 田中さんはパクさんにひっこしを手伝ってもらいます。

다나카 씨는 박 씨에게 이사를 도움 받습니다.

③ パクさんは田中さんにひっこしを手伝ってもらいます。

박 씨는 다나카 씨에게 이사를 도움 받습니다.

（정답）②

2. 다음 음성을 듣고, 대답으로 맞는 것을 하나 고르시오.

> A : 日本語の勉強は、どうですか。일본어 공부는 어떻습니까?
>
> B : (　　　　　　　)

① だんだん~~おもしろいに~~なってきました。

だんだん**おもしろく**なってきました。점점 재밌어지기 시작했습니다.

② だんだん~~おもしろくに~~なってきました。

　　　　　おもしろく

③ だんだん~~難しいに~~なってきました。

　　　　難しく

④ だんだん難しくなってきました。점점 어려워지기 시작했습니다.

（정답）④

〔객관식 문제〕

3. 다음 (　) 안에 들어갈 말을 하나 고르시오.

> 赤いボタンをおす(と)きっぷが出てきますよ。빨간 버튼을 누르면 표가 나와요.

（정답）③

4. 다음 ( ) 안에 들어갈 말을 하나 고르시오.

> A : いつからダイエットを始めるんですか。 언제부터 다이어트를 시작하는거에요?
>
> B : 明日から(始めようと)思っています。 내일부터 시작하려고 생각하고 있습니다.

(정답) ②

にほんごのポイント

결과 상태를 나타내는 「〜ている」

「〜ている」가 동작이나 작용의 결과에 대한 상태가 그대로 지속되고 있음을 나타낸다. 구체적으로는 다음과 같다.

1) 주체의 상태 변화를 나타내는 동사 ＋ている

• おさいふが落ちている。 지갑이 떨어져있다.

지갑이 떨어졌다. 그 결과가 남아서 그대로인 상태이다.

落ちた　　→　　落ちている
떨어졌다　　　　떨어져있다

• 花が咲いています。 꽃이 피었습니다.(피어져 있습니다.)

• ドアが開いています。 문이 열려 있습니다.

• 電気がついています。 불이 켜져 있습니다.

• 今日は晴れています。 오늘은 맑습니다.

단어 咲く〔동1〕피다　開く〔동1〕열리다　つく〔동1〕켜지다, 붙다

晴れる〔동2〕맑다

2) 착탈(着脱)을 나타내는 동사 ＋ている(복장에 대해 말하는 표현)

- 田中さんは白いズボンを**はいている**。 다나카 씨는 하얀 바지를 입었다.

아침에 바지를 입었다. 그 결과가 남아서 그대로인 상태이다.

はいた　→　はいている
입었다.　　　입고 있다.(입은 상태)

- 田中さんはめがねを**かけています**。 다나카 씨는 안경을 쓰고 있습니다.(썼습니다.)
- 黒のコートを**着ています**。 검정색 코트를 입고 있습니다.(입었습니다.)
- 茶色のくつを**はいています**。 갈색 신발을 신고 있습니다.(신었습니다.)

단어 めがねをかける　안경을 쓰다　はく　(아래서 입을 것) 입다
- ズボンをはく　바지를 입다　• スカートをはく　치마를 입다
- くつをはく　신발을 신다

3) 위치 변화, 이동을 나타내는 동사 ＋ている

- パクさんは今日本に**行っています**。 박 씨는 지금 일본에 가 있습니다.

일본에 갔다. 지금도 그대로 일본에 있다.

行った　→　行っている
갔다　　　가 있다

- すずきさんは、今ソウルに**来ています**。 스즈키 씨는 지금 서울에 와 있습니다.
- 母は今、**出かけています**。 어머니는 지금 나가 있습니다. (외출중입니다.)
- 兄は家に**戻っています**。 형은 집에 돌아와 있습니다. (집에 있습니다.)

4) 유지를 나타내는 동사 ＋ている

- 木村さんは**結婚しています**。 기무라 씨는 결혼했습니다.

결혼했다. 지금도 그대로 같은 상태이다.

結婚した → 結婚している
결혼했다　　　결혼한 상태

- パクさんは日本の大学を卒業しています。박 씨는 일본 대학교를 졸업했습니다.

- 田中さんはまだ入院しています。다나카 씨는 아직 입원해 있습니다. (입원 중입니다.)

- A：田中さんの電話番号を知っていますか。

  다나카 씨의 전화번호를 알고 있습니까? (압니까?)

  B：はい、知っています。네, 압니다.

  B：いいえ、知りません。아니요, 모릅니다.

TIP 「知る」의 형태에 주의!

	긍정		부정
○	知っています。압니다. 知っていますか。압니까?	○	知りません。모릅니다. 知りませんか。모릅니까?
×	知ります。 知りますか。	×	知っていません。 知っていませんか。

단어 卒業する〔동3〕졸업하다　入院する〔동3〕입원하다　電話番号 전화번호

학습목표 / 학습내용   9, 10과에서 배운 문형 복습

>>>> 9과 복습문제 ─────────────────────────────────○

① 불이 꺼져 있습니다.

_____

② 불을 켜 주세요.

_____

③ 영화가 시작됩니다.

_____

④ 일정이 정해졌습니다.

_____

단어 電気 불   映画 영화   日程 일정

① 電気が消えています。 불이 꺼져 있습니다.

자동사	타동사
消える 꺼지다	消す 끄다

② 電気をつけてください。 불을 켜 주세요.

자동사	타동사
つく 켜다	つける 켜지다

③ 映画が始まります。 영화가 시작됩니다.

자동사	타동사
始まる 시작되다	始まる 시작되다

④ 日程が決まりました。 일정이 정해졌습니다.

자동사	타동사
決まる 정해지다	決める 정하다

>>>> 10과 복습문제

① 바로 좋아졌습니다.

_____

② 완전히 건강해졌습니다.

_____

③ 소금을 넣으면, 맛이 진해집니다.

_____

④ 매일 연습하면 능숙하게 됩니다.

_____

단어 すっかり 완전히　塩 소금　味がこい 맛이 진하다 (味がうすい 맛이 연하다)

정답

① すぐに良くなりました。 바로 좋아졌습니다.

　　いい 좋다　→ いい＋くなる　→ ×いくなる/○よくなる(良くなる) 좋아지다

② すっかり元気になりました。 완전히 건강해졌습니다.

　　元気 건강함　→ 元気＋になる　→ 元気になる 건강해지다

③ 塩を入れると、味がこくなります。 소금을 넣으면, 맛이 진해집니다.

　　こい 진하다　→ こい＋くなる　→ こくなる 진해지다

④ 毎日練習すると、上手になります。 매일 연습하면 능숙하게 됩니다.

　　上手 능숙함　→ 上手＋になる　→ 上手になる 능숙해지다

Clip 03

학습목표 / 학습내용 11, 12, 13과에서 배운 문형 복습

>>>> 11과 복습문제 ———————————○

① 나는 여동생에게 시계를 주었습니다.

_____

② 이것은 언니가 (나에게) 주었습니다.

_____

③ 이것은 언니에게 받았습니다.

_____

④ 친구가 (나의) 가방을 들어주었습니다.

_____

⑤ (나는) 친구가 (나의) 가방을 들어주었습니다.

（私<ruby>わたし</ruby>は）_____

320 초급 일본어 회화 2

⑥ （내가） 친구의 가방을 들어주었습니다.

_____

단어 妹 여동생 姉 언니, 누나

정답

① 私は妹に時計をあげました。 나는 여동생에게 시계를 주었습니다.

② これは姉がくれました。 이것은 언니가 （나에게） 주었습니다.

③ これは姉にもらいました。 이것은 언니에게 받았습니다.

④ 友達がかばんを持ってくれました。 친구가 （나의） 가방을 들어주었습니다.

⑤ （私は）友達にかばんを持ってもらいました。 나는 친구가 （나의） 가방을 들어주었습니다.

⑥ （私が）友達のかばんを持ってあげました。 （내가） 친구의 가방을 들어주었습니다.

>>>> 12과 복습문제

① 손님이 오면, 어떻게 하면 좋을까요?

_____

② 저렴하게 산다면 온라인 숍이 좋아요.

_____

③ 회는 먹을 수 있습니까?

_____

④ 파란 버튼을 누르면 나옵니다.

_____

⑤ 일본 온천에 가고 싶습니다.

_____

⑥ 어디에 가면 받을 수 있어요?

_____

① お客さんが来たら、どうすればいいですか。손님이 오면, 어떻게 하면 좋을까요?
② 安く買うなら、オンラインショップがいいですよ。저렴하게 산다면 온라인 숍이 좋아요.
③ おさしみは食べられますか。회는 먹을 수 있습니까?
④ 青いボタンを押せば出てきますよ。파란 버튼을 누르면 나옵니다.
⑤日本の温泉に行きたいです。일본 온천에 가고 싶습니다.
⑥ どこに行ったらもらえますか。어디에 가면 받을 수 있어요?

>>>> 13과 복습문제

① 선생님에게 칭찬 받았습니다.

_____

② 남동생에게 우산을 가지고 오라고 시킵니다.

_____

③ 일본에서 일하려고 생각하고 있습니다.

_____

단어 弟 남동생 持ってくる〔동3〕가지고 오다

① 先生にほめられました。 선생님에게 칭찬 받았습니다.

② 弟にかさを持ってこさせます。 남동생에게 우산을 가지고 오라고 시킵니다.

③ 日本で働こうと思っています。 일본에서 일하려고 생각하고 있습니다.

학습정리문제(H5P)

문제 1 '이 시계는 언니가 주었습니다.'를 일본어로 할 때, 올바른 표현을 하나 고르시오.

① この時計は姉がもらいました。

② この時計は姉があげました。

③ この時計は姉がくれました。

문제 2 '일본에 가려고 생각하고 있습니다.'를 일본어로 할 때, 올바른 표현을 하나 고르시오.

① 日本に行くと思っています。

② 日本に行くようと思っています。

③ 日本に行こうと思っています。

회화와 문형을 한번에!

초급 일본어 회화 2

초판 1쇄 인쇄   2024년 08월 16일
초판 1쇄 발행   2024년 08월 23일

저　　자   하치노 토모카
발 행 인   윤석현
발 행 처   제이앤씨
책임편집   최인노
등록번호   제7-220호

우편주소   서울시 도봉구 우이천로 353
대표전화   02) 992 / 3253
전　　송   02) 991 / 1285
전자우편   jncbook@hanmail.net

ⓒ 하치노 토모카 2024 Printed in KOREA.

ISBN 979-11-5917-250-2   13730   정가 32,000원

회화와 문형을 한번에!

초급 일본어 회화 2

부록

제이앤씨
Publishing Company

ひらがな 히라가나

	あ행	か행	さ행	た행	な행	は행	ま행	や행	ら행	わ행	
あ단	あ a	か ka	さ sa	た ta	な na	は ha	ま ma	や ya	ら ra	わ wa	
い단	い i	き ki	し si	ち chi	に ni	ひ hi	み mi		り ri		
う단	う u	く ku	す su	つ tsu	ぬ nu	ふ hu	む mu	ゆ yu	る ru		
え단	え e	け ke	せ se	て te	ね ne	へ he	め me		れ re		
お단	お o	こ ko	そ so	と to	の no	ほ ho	も mo	よ yo	ろ ro	を wo	ん N

カタカナ 가타카나

	ア행	カ행	サ행	タ행	ナ행	ハ행	マ행	ヤ행	ラ행	ワ행	
ア단	ア a	カ ka	サ sa	タ ta	ナ na	ハ ha	マ ma	ヤ ya	ラ ra	ワ wa	
イ단	イ i	キ ki	シ si	チ chi	ニ ni	ヒ hi	ミ mi		リ ri		
ウ단	ウ u	ク ku	ス su	ツ tsu	ヌ nu	フ hu	ム mu	ユ yu	ル ru		
エ단	エ e	ケ ke	セ se	テ te	ネ ne	ヘ he	メ me		レ re		
オ단	オ o	コ ko	ソ so	ト to	ノ no	ホ ho	モ mo	ヨ yo	ロ ro	ヲ wo	ン N

あいうえお

단어 따라 쓰기

あ	い

사랑

あ	お

파란색

い	え

집

い	う

말하다

う	え

위

う	ま

말

え

그림

え	き

역

お	や

부모

お	お	い

많다

かきくけこ

단어 따라 쓰기

か	き

감

か	お

얼굴

き	た

북쪽

き	り	ん

기린

く	つ

신발

く	る	ま

자동차

け	し	き

경치

け	ん	か

싸움

こ	え

목소리

こ	い

잉어

5

さしすせそ

단어 따라 쓰기

さ	か	な

물고기

か	さ

우산

し	お

소금

し	か	く

네모

す	し

초밥

す	い	か

수박

せ	き

좌석

せ	ん	せ	い

선생님

そ	ら

하늘

そ	と

밖

たちつてと

단어 따라 쓰기

선반

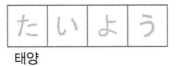

태양

가깝다

지하철

달

손톱

손

편지

시계

친구

7

なにぬねの

단어 따라 쓰기

여름

없다

짐

に

2

개

ぬ り え

그림책

ね こ

고양이

あ ね

언니, 누나

김

き の う

어제

はひふへほ

단어 따라 쓰기

は	な

꽃, 코

は	し

젓가락, 다리

ひ	と	り

혼자

ひ	と

사람

ふ	ね

배

さ	い	ふ

지갑

へ	び

뱀

へ	ん	じ

답변

ほ	ん

책

ほ	し

별

まみむめも

단어 따라 쓰기

ま	ち

거리

ま	つ	り

축제

み	ん	な

모두

み	ち

길

む	ね

가슴

む	か	し

옛날

め

눈

め	が	ね

안경

も	も

복숭아

も	ち

떡

やゆよ

단어 따라 쓰기

산

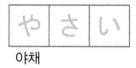

야채

손가락

꿈

밤

읽다

らりるれろ

단어 따라 쓰기

ら	い	げ	つ

다음 달

ら	い	ね	ん

내년

り	ん	ご

사과

りょ	う	り

요리

よ	る

밤

は	る

봄

れ	き	し

역시

れ	い	ぞ	う	こ

냉장고

く	ろ

검정

ろ	う	か

복도

わをん

단어 따라 쓰기

강

정원

전화

일본어

アイウエオ

ア	イ	ウ	エ	オ

アルバム album

インターネット internet

ウイルス virus

エレベーター elevator

オレンジ orange

カキクケコ

カ	キ	ク	ケ	コ

カメラ camera

キウイ kiwi

クリスマス christmas

ケーキ cake

コーヒー coffee

サシスセソ

サ	シ	ス	セ	ソ

サラダ salad

シリーズ series

スキー ski

セーター sweater

ソファー sofa

タチツテト

タ	チ	ツ	テ	ト

タオル towel

チーズ cheese

ツアー tour

テスト test

トイレ toilet

ナニヌネノ

ナ	ニ	ヌ	ネ	ノ

ナイフ knife

ニュース news

カヌー canoe

ネクタイ necktie

ノート note

ハヒフヘホ

ハ	ヒ	フ	ヘ	ホ

ハンカチ handkerchief

ヒント hint

フロント front

ヘリコプター helicopter

ホテル hotel

マミムメモ

マスク mask

ミルク milk

ムード mood

メール mail

モデル model

ヤユヨ

タイヤ tire

シャワー shower

ユニフォーム uniform

ジュース juice

ヨーロッパ Europe

インフォメーション information

ラリルレロ

ラ	リ	ル	レ	ロ	

ランチ lunch

リボン ribbon

ルール rule

レジ register

ロビー lobby

ワヲン

ワイン wine

レモン lemon

漢字^{かんじ} 읽는 법을 외웁시다！

명사

あ

集^{あつ}まり	모임	兄^{あに}	형, 오빠
姉^{あね}	누나, 언니	雨^{あめ}	비
家^{いえ}	집	一番^{いちばん}	가장, 제일
妹^{いもうと}	여동생	海^{うみ}	바다
運動^{うんどう}	운동	映画^{えいが}	영화
英語^{えいご}	영어	駅^{えき}	전철역
音楽^{おんがく}	음악	温泉^{おんせん}	온천
お風呂^{ふろ}	목욕탕	入口^{いりぐち}	입구

か

会社^{かいしゃ}	회사	買^かい物^{もの}	쇼핑
形^{かたち}	모양	学校^{がっこう}	학교
韓国^{かんこく}	한국	韓国語^{かんこく ご}	한국어

教師 きょうし	교사	空港 くうこう	공항
公園 こうえん	공원	健康 けんこう	건강
ご飯 はん	밥	小麦粉 こむぎこ	밀가루

さ

時間 じかん	시간	試験 しけん	시험
自転車 じてんしゃ	자전거	社会人 しゃかいじん	사회인
宿題 しゅくだい	숙제	塾 じゅく	학원
書類 しょるい	서류	先生 せんせい	선생님

た

大学 だいがく	대학교	卵 たまご	달걀
誰 だれ	누구	単語 たんご	단어
地図 ちず	지도	机 つくえ	책상
手紙 てがみ	편지	店員 てんいん	점원
電気 でんき	전기, 불	電車 でんしゃ	전차
出口 でぐち	출구	図書館 としょかん	도서관
友達 ともだち	친구	中国語 ちゅうごくご	중국어

な

何 (なに)	무엇	名前 (なまえ)	이름
日本 (にほん)	일본	日本語 (にほん ご)	일본어

は

人 (ひと)	사람	文章 (ぶんしょう)	문장
勉強 (べんきょう)	공부	本 (ほん)	책

ま

町 (まち)	동네	店 (みせ)	가게

や

野菜 (やさい)	야채

ら

料理 (りょうり)	요리	旅行 (りょこう)	여행
連休 (れんきゅう)	연휴		

わ

私 (わたし)	저, 나

위치

옆	안	위	아래
<ruby>横<rt>よこ</rt></ruby>	<ruby>中<rt>なか</rt></ruby>	<ruby>上<rt>うえ</rt></ruby>	<ruby>下<rt>した</rt></ruby>
앞	뒤	오른 쪽	왼 쪽
<ruby>前<rt>まえ</rt></ruby>	<ruby>後<rt>うしろ</rt></ruby>	<ruby>右<rt>みぎ</rt></ruby>	<ruby>左<rt>ひだり</rt></ruby>
동쪽	서쪽	남쪽	북쪽
<ruby>東<rt>ひがし</rt></ruby>	<ruby>西<rt>にし</rt></ruby>	<ruby>南<rt>みなみ</rt></ruby>	<ruby>北<rt>きた</rt></ruby>

요일

일요일	월요일	화요일	수요일
<ruby>日曜日<rt>にちようび</rt></ruby>	<ruby>月曜日<rt>げつようび</rt></ruby>	<ruby>火曜日<rt>かようび</rt></ruby>	<ruby>水曜日<rt>すいようび</rt></ruby>
목요일	금요일	토요일	
<ruby>木曜日<rt>すいようび</rt></ruby>	<ruby>金曜日<rt>きんようび</rt></ruby>	<ruby>土曜日<rt>どようび</rt></ruby>	

시간 명사

아침	낮	밤	지금
<ruby>朝<rt>あさ</rt></ruby>	<ruby>昼<rt>ひる</rt></ruby>	<ruby>夜<rt>よる</rt></ruby>	<ruby>今<rt>いま</rt></ruby>

어제	오늘	내일	지난 주	이번 주	다음 주
<ruby>昨日<rt>きのう</rt></ruby>	<ruby>今日<rt>きょう</rt></ruby>	<ruby>明日<rt>あした</rt></ruby>	<ruby>先週<rt>せんしゅう</rt></ruby>	<ruby>今週<rt>こんしゅう</rt></ruby>	<ruby>来週<rt>らいしゅう</rt></ruby>

작년	올해	내년	지난 달	이번 달	다음 달
きょねん 去年	ことし 今年	らいねん 来年	せんげつ 先月	こんげつ 今月	らいげつ 来月

매일	매 주	매 월	매 년	매일 아침
まいにち 毎日	まいしゅう 毎週	まいつき 毎月	まいとし 毎年	まいあさ 毎朝

지명（地名）

도쿄	교토	오사카	홋카이도	오키나와
とうきょう 東京	きょうと 京都	おおさか 大阪	ほっかいどう 北海道	おきなわ 沖縄

색깔

しろ 白	흰색	くろ 黒	검정색

숫자

일	이	삼	사	오	육	칠
いち	に	さん	よん/し	ご	ろく	なな/しち
一	二	三	四	五	六	七
팔	구	십	백	천	만	
はち	きゅう/く	じゅう	ひゃく	せん	まん	
八	九	十	百	千	万	

몸

目 （め）	눈	手 （て）	손
口 （くち）	입	足 （あし）	발
耳 （みみ）	귀	力 （ちから）	힘

자연

山 （やま）	산	空気 （くうき）	공기
川 （かわ）	강	花 （はな）	꽃
空 （そら）	하늘		

동물

牛 （うし）	소	魚 （さかな）	물고기, 생선
馬 （うま）	말	貝 （かい）	조개

부사（副詞）

一緒に （いっしょ）	같이	少し （すこ）	조금
早く （はや）	빨리	他の～ （ほか）	다른～

い형용사

忙しい	바쁘다	楽しい	즐겁다
面白い	재미있다	難しい	어렵다

大きい	크다	⇔	小さい	작다
新しい	새롭다	⇔	古い	오래되다
良い	좋다	⇔	悪い	나쁘다
暑い	덥다	⇔	寒い	춥다
			涼しい	시원하다
熱い	뜨겁다	⇔	冷たい	차갑다
長い	길다	⇔	短い	짧다
重い	무겁다	⇔	軽い	가볍다
暖かい	따뜻하다	⇔	寒い	춥다
温かい	따뜻하다	⇔	冷たい	차갑다
広い	넓다	⇔	狭い	좁다
近い	가깝다	⇔	遠い	멀다
高い	비싸다	⇔	安い	싸다

たか 高い	높다	⇔	ひく 低い	낮다
はや 早い	（시간이） 빠르다	⇔	おそ 遅い	늦다
はや 速い	（속도가） 빠르다			
やさ 優しい	자상하다	⇔	きび 厳しい	엄하다
			こわ 怖い	무섭다
あま 甘い	달다	⇔	から 辛い	맵다

な형용사

まじめ 真面目	착실함	ひつよう 必要	필요함
ゆうめい 有名	유명함	いろいろ 色々	여러 가지
しんせつ 親切	친절함	たいへん 大変	힘듦
げんき 元気	건강함	たいせつ 大切	소중함
しんぱい 心配	걱정	だいじょうぶ 大丈夫	괜찮음
らく 楽	편함	むり 無理	무리
かんたん 簡単	간단함	ねっしん 熱心	열심
かいてき 快適	쾌적함		

静か しず	조용함	⇔ 賑やか にぎ	번화함
便利 べんり	편리함	⇔ 不便 ふべん	불편함
上手 じょうず	능숙함	⇔ 下手 へた	미숙함
好き す	좋아함	⇔ 嫌い きら	싫어함
安全 あんぜん	안전함	⇔ 危険 きけん	위험함
得意 とくい	잘 함	⇔ 苦手 にがて	잘 못함

동사

1그룹동사

行く い	가다	待つ ま	기다리다
帰る かえ	돌아가다	遊ぶ あそ	놀다
飲む の	마시다	置く お	나두다
聞く き	듣다	終わる お	끝나다
書く か	쓰다	降る ふ	(비, 눈) 내리다
読む よ	읽다	送る おく	보내다
買う か	사다	取る と	잡다
乗る の	타다	休む やす	쉬다

会う	만나다	戻る	되돌아가다
話す	이야기하다	分かる	알다, 이해하다
切る	자르다	作る	만들다
走る	달리다	焼く	굽다
知る	알다	歩く	걷다
帰る	돌아가다	習う	배우다
入る	들어가다	住む	살다
死ぬ	죽다	急ぐ	서두르다
開く	열리다	閉まる	닫히다
開ける	열다	閉める	닫다
座る	앉다	消える	꺼지다
吸う	피우다, 빨다	呼ぶ	부르다
選ぶ	고르다	持つ	들다
使う	사용하다		

2グループ動사

食_たべる	먹다	捨_すてる	버리다
見_みる	보다	借_かりる	빌리다
起_おきる	일어나다	教_{おし}える	가르치다
寝_ねる	자다	混_まぜる	섞다
開_あける	열다	閉_しめる	닫다
覚_{おぼ}える	외우다	始_{はじ}める	시작하다

3グループ動사

料理_{りょうり}する	요리하다	来_くる	오다
勉強_{べんきょう}する	공부하다	参加_{さんか}する	참가하다
出発_{しゅっぱつ}する	출발하다	到着_{とうちゃく}する	도착하다
案内_{あんない}する	안내하다	結婚_{けっこん}する	결혼하다
卒業_{そつぎょう}する	졸업하다		

회화와 문형을 한번에!

초급 일본어 회화 2

부록